La Poésie
des romantiques

Une anthologie de
Bernard Vargaftig

La Poésie
des romantiques

À mes élèves des lycées d'enseignement professionnel.

AVERTISSEMENT

On s'en est tenu, pour ce choix, à la première moitié du XIXe siècle. Ainsi le lecteur ne trouvera-t-il, par exemple, rien des *Contemplations* de Victor Hugo. Toutefois, on comprendra que nous ayons envisagé la totalité de leur œuvre pour certains poètes qui, comme Alfred de Musset ou Gérard de Nerval, sont morts peu d'années après 1851.

À quoi sert une anthologie

Lire des poèmes, dès qu'on en a pris un peu l'habitude, permet de découvrir et d'entendre ce que nous avons de plus profond en nous.

Car c'est bien pour nous-mêmes que nous lisons, pour ce mouvement qui nous porte à la rencontre des autres. Pour ce désir de solitude parfois si impérieux et qui nous permet de nous fondre à la nature et au monde.

Et pour la nécessité que nous éprouvons quelquefois de lire ce qui, en nous-mêmes, n'a pas d'autre langage qu'un peu de silence. Ou une façon d'être las et de détourner le regard.

Ou un geste de tendresse. Ou quand nous allons vite à moto et que le vent nous cingle.

Ou comme l'éclair de l'amour nous traverse.

Voilà ce qu'une anthologie peut nous donner à entendre, comme on apprend à regarder le ciel et les arbres. Comme on apprend à connaître sans fin le regard de quelqu'un qu'on aime.

Une anthologie rassemble la diversité de ce dont nous pouvons avoir besoin. Même si nous ne le savons pas encore. Une page pour aujourd'hui... et quelques pages auxquelles nous ne prêterons pas attention, mais qui, demain peut-être, nous enchanteront.

Une anthologie de poèmes du passé ne prétend pas offrir ce que le temps aurait épargné. Elle éclaire, sans doute, sur les goûts et les besoins de notre époque. Mais ces goûts et ces besoins changeront. Et voilà pourquoi chaque génération propose chaque fois ses choix.

Mais c'est surtout à ce qu'on aime vraiment qu'une anthologie conduit, en laissant chacun faire son propre choix entre les poèmes proposés au lecteur.

Elle est là pour nous faire découvrir ou redécouvrir un poète. Elle le situe dans son temps et au milieu d'autres poètes. Et elle nous dit qu'il faut, si nous en avons envie, en lire davantage que les quelques poèmes qu'elle propose... Souvenons-nous que, bien souvent, le vrai poème est le livre tout entier dont l'auteur de l'anthologie l'a extrait.

Enfin, parce que, s'agissant de poètes du passé, les événements qui ont marqué l'Histoire et leur histoire sont classés et explicables, une anthologie facilite leur lecture. La langue de ces poètes est parfois encore proche. Mais ne doutons pas qu'elle deviendra, siècle après siècle, inintelligible et qu'il faudra un jour la traduire. Comme c'est le cas pour les poètes du Moyen Âge. Et pourtant, ce qu'ils ont écrit sera toujours nouveau. Comme il arrive qu'on trouve le ciel et les arbres. Ou le regard de l'être aimé.

Ainsi, en nous proposant de rencontrer des poètes et en nous aidant à les lire, une anthologie est là pour nous inciter à aller vers les poètes qui vivent parmi nous aujourd'hui, et écrivent.

Les poètes de notre temps, dans la langue qui est la nôtre aujourd'hui, transforment en ce que seul un poème peut dire, ce qui est le plus profond de nous-mêmes, que parfois nous ne connaissons pas, que nous avons besoin de crier ou de taire, et le ciel, et quand l'éclair de l'amour nous traverse.

Ils partagent nos inquiétudes, notre désarroi, nos espoirs, et par le langage, dans le langage, les transforment en beauté. Et en confiance. Car écrire, et lire, c'est avoir confiance.

C'est toujours transformer le présent en avenir.

B. V.

À LA RENCONTRE DU ROMANTISME

Le romantisme a exalté en nous, et jusqu'à aujourd'hui, tellement de sentiments parfois contradictoires, qu'il est difficile de le définir brièvement. Ce mot désigne à la fois une période de l'histoire littéraire et un certain nombre de caractères qui continuent à faire la sensibilité de chacun d'entre nous. Qu'il s'agisse, par exemple, du sentiment que nous avons de notre individualité, qu'il s'agisse du sentiment que nous nous faisons de la nature ou du désir d'émancipation qui nous anime. Ou encore de la façon dont ce désir enflamme la jeunesse.

L'insolence de la révolte

C'est à Gavroche, à l'un des personnages créés par Victor Hugo, que je pense. Et à comment cet enfant est devenu non seulement l'un des héros de notre pays mais un héros universel.

> *« Je ne suis pas notaire,*
> *C'est la faute à Voltaire,*
> *Je suis petit oiseau,*
> *C'est la faute à Rousseau. »*

Le refrain, Hugo, pour Gavroche, l'a emprunté à une chanson écrite par un poète suisse, les couplets ont l'insolence de la révolte :

> *« Joie est mon caractère,*
> *C'est la faute à Voltaire,*
> *Misère est mon trousseau,*
> *C'est la faute à Rousseau. »*

Victor Hugo raconte, dans *Les Misérables*, l'insurrection de 1832 à Paris et fait le récit de la mort de l'enfant :

« Une deuxième balle fit étinceler le pavé près de lui. Une troisième renversa son panier. Gavroche regarda et vit que cela venait

*de la banlieue. Il se dressa tout droit, debout, les cheveux au vent,
les mains sur les hanches, l'œil fixé sur les gardes nationaux qui
tiraient, et il chanta... »*

C'est, brossé par un poète, en quelques phrases le portrait
du romantisme. Jeunesse et fierté, situation dramatique et
héroïsme, orgueilleuse solitude, insolence, et comme on est, face
au danger, « tout droit », les « cheveux au vent » et chanter.

Ils sont romantiques ceux qui rêvent

Si, tout à coup, rien n'est plus romantique que ce chant que
la mort va briser, et brise effectivement, rien n'est plus roman-
tique aussi que le triomphe de la générosité et du droit.

Songeons au tableau qui représente le jeune Bonaparte au
pont d'Arcole. Aux photos qui montreront le vieil Hugo, exilé
volontaire, sur son rocher de Guernesey. À *La liberté guidant le
peuple*, combattant sur les barricades de Delacroix.

Oui, si le « romantisme » est un état d'esprit et une façon d'être,
ne sommes-nous pas, surtout aujourd'hui, ce qu'on appelle et ce
qu'on a appelé des « romantiques » ?

Ne dit-on pas de nos jours qu'ils sont romantiques ceux qui
rêvent d'émancipation sociale et individuelle, ceux qui rêvent
d'amour dans la dignité et l'intégrité de chacun, ceux-là mêmes
dont, presque toujours, les « réalités », la guerre, les crises éco-
nomiques par exemple, ou la maladie, la mort, ou la terrible
indifférence des autres viennent briser les rêves ?

Comment ne pas s'enflammer...

On est loin de s'accorder sur la date à laquelle apparaît le
romantisme en France.

Est-ce quand toutes les survivances de l'Ancien Régime – sys-
tème féodal, privilèges et contraintes, droits aristocratiques – ont
été balayées par la Révolution ? En effet, les récits qui ont été
faits du Serment du Jeu de Paume ou de la prise de la Bastille
le 14 juillet 1789, ne manquent pas de romantisme. Ni la nuit
du 4 août au cours de laquelle les représentants de la nation
votent, dans l'enthousiasme, la fin des privilèges.

Comment ne pas s'enflammer en voyant les souverains d'Eu-
rope se coaliser contre les idées généreuses des révolutionnai-

res ? De 1792 à 1815, la France sera seule contre l'Europe tout entière.

Mais cette armée de va-nu-pieds, victorieuse à Valmy en 1792, deviendra « la Grande Armée ». Celle qui opprimera, par exemple, l'Espagne et dont le peintre Goya montre les exactions.

Il était impensable, avant 1792, qu'un général puisse ne pas être issu de la noblesse. Et il était encore moins pensable qu'un tel chef puisse gagner une bataille.

Or presque tous les nobles partiront en exil avec la volonté de se battre pour remettre un roi sur le trône.

La Révolution nommera des généraux de vingt ans ! Napoléon Bonaparte est l'un de ceux-là. Il incarnera la Victoire. Il incarnera les idées de liberté avant de devenir « l'Usurpateur », c'est-à-dire, celui qui, sous le nom de Napoléon Ier s'est fait couronner empereur et s'est emparé du trône. D'abord considéré comme le garant de l'idéal révolutionnaire, il sera l'empereur qui impose ses lois. Puis le vaincu de la retraite de Russie. Enfin, un tyran pourchassé qu'on enverra finir ses jours très loin, dans l'île de Sainte-Hélène.

La défaite, l'occupation étrangère, le retour d'un roi vont vite apparaître comme une immense régression. La politique autoritaire de Louis XVIII et, à sa mort, celle de Charles X vont faire de Napoléon l'exilé de Sainte-Hélène et le symbole de la gloire de la France. Cela va s'amplifier, même quand, en 1830, une révolution aura chassé Charles X et placé Louis-Philippe sur le trône.

C'est la faute à Voltaire, c'est la faute à Rousseau...

Avoir vingt ans en Europe, en 1800, et avoir la chance d'être, grâce à ses origines sociales, instruit de ce qui se passe, c'est pour beaucoup prendre parti en faveur des idées généreuses de la liberté.

Avoir vingt ans en 1810 dans tout autre pays d'Europe que la France, c'est combattre en Napoléon un envahisseur, un tyran et un usurpateur.

Avoir vingt ans en 1820, en France, c'est, pour ceux que leur situation sociale favorise, aspirer à en finir avec le souvenir de l'Empire. Mais c'est aussi vouloir autre chose que les idées rétrogrades qui ont accompagné la défaite et le retour de la monarchie. Il faudra encore du temps pour que Napoléon devienne le symbole de la grandeur.

Voilà pourquoi les idées romantiques apparaissent à des dates différentes en Europe et peuvent sembler sur certains points si contradictoires.

En effet, le romantisme accompagne en Angleterre, en Allemagne et dans d'autre pays d'Europe la progression des armées françaises. Et il accompagne dans les esprits le progrès des idées qui viennent du siècle des Lumières. Ainsi appelle-t-on le XVIIIe siècle, au cours duquel, avec Voltaire, Rousseau et Diderot, autour de *L'Encyclopédie*, les philosophes ont été les précurseurs de la Révolution.

Mais, en France, il faut attendre la paix revenue, la restauration de la monarchie et les années 1820 pour voir apparaître les premières grandes œuvres romantiques. Et il est convenu que le coup d'État de Napoléon III en 1851 et la naissance du Second Empire marquent la fin du romantisme comme moment de l'histoire de l'art.

C'est donc d'abord dans le retour de la monarchie puis dans le progrès des idées de liberté, d'égalité et de fraternité des hommes et des femmes que le romantisme prend essor et se répand.

« *Une génération ardente, pâle, nerveuse...* »

Alfred de MUSSET

Le romantisme est généralement le fait de jeunes gens qui, par leurs origines et leurs idées, épousent la cause royaliste et la pensée de leur temps.

Leur aîné est François René de Chateaubriand, né en 1768, mort en 1848. Il est noble, il est un ardent défenseur du christianisme. Il a pris fait et cause contre la Révolution, est parti en exil et ne rentre en France qu'après la défaite de l'empereur. Il fait des larmes et de la solitude le symbole d'une génération. Après lui, toute une jeunesse éprouvera le désir du vent et de l'orage, le «vague des passions», un sentiment de solitude orgueilleuse et du temps qui fuit. Écoutons-le :

« Je me mis à sonder mon cœur, à me demander ce que je désirais. Je ne le savais pas ; mais je crus tout à coup que les bois me seraient délicieux. Me voilà soudain résolu d'achever dans un exil champêtre, une carrière à peine commencée, et dans laquelle j'avais déjà dévoré des siècles. »

(René)

Il publie ces lignes en 1802.

Il est l'un des premiers et des très grands écrivains romantiques.

Écoutons Lamartine en 1823. Pour lui aussi le temps fuit inexorablement. S'il parle de sa propre gloire de poète, n'entend-on pas, comme en écho, l'évocation d'une autre gloire ?

« Mais le temps ? Il n'est plus – Mais la gloire ? – Eh qu'importe
Cet écho d'un vain son qu'un siècle à l'autre apporte ;
Ce nom, brillant jouet de la postérité ?
Vous qui de l'avenir lui promettez l'empire,
Écoutez cet accord que va rendre ma lyre...
Les vents déjà l'ont emporté ! »

(Nouvelles Méditations)

À l'opposé, Henry Beyle (1783-1842), plus connu sous l'un de ses pseudonymes, Stendhal, a reçu de son grand-père l'amour des idées révolutionnaires. Il montre dans son œuvre romanesque des héros jeunes et généreux. Mais de quelle ambition peut-on rêver quand il n'est plus possible d'être, comme un quart de siècle plus tôt, général à vingt ans ?

« Quelque épervier parti des grandes roches au-dessus de sa tête
était aperçu par lui, de temps à autre, décrivant en silence ses
cercles immenses. L'œil de Julien suivait machinalement l'oiseau
de proie. Ses mouvements tranquilles et puissants le frappaient,
il enviait cette force, il enviait cet isolement. »

Julien Sorel, dans *Le Rouge et le Noir*, Fabrice del Dongo dans *La Chartreuse de Parme* ou Lucien Leuwen sont des conquérants en amour. Ils sont aventureux et ambitieux, pleins de générosité et fidèles au souvenir embelli de Bonaparte dans un monde qui n'offre guère de possibilités à leur désir de gloire. Écoutons encore ce que dit Stendhal dans *Le Rouge et le Noir*, publié en 1830 :

« Depuis la chute de Napoléon, toute apparence de galanterie
est sévèrement bannie des mœurs de la province. On a peur d'être
destitué. Les fripons cherchent un appui dans la congrégation ; et
l'hypocrisie a fait les plus beau progrès, même dans les classes
libérales. L'ennui redouble... »

Écoutons le sentiment de solitude du jeune Musset :

« Qui vient ? Qui m'appelle ? Personne.
Je suis seul ; c'est l'heure qui sonne ;
Ô solitude ! Ô pauvreté ! »

... Écoutons son goût de la vérité, tout de suite après la révolution de 1830 :

> « *Que ta muse, brisant le luth des courtisanes,*
> *Fasse vibrer sans peur l'air de la liberté ;*
> *Qu'elle marche pieds nus, comme la Vérité.* »

Le romantisme accompagne les aspirations les plus hautes. On le trouve dans l'exigence d'épanouissement des individus et des sociétés. Dans la conscience de la misère physique et morale. Dans la croyance que le progrès combattra ce qui abaisse les hommes.

Il est dans le goût que nous avons de ce qui a fait notre histoire et notre identité nationale.

Il participe à la naissance de l'Europe des nations comme sont nés, à la fin du XVIIIᵉ siècle, les États-Unis d'Amérique.

Et il accompagne un certain sentiment de la nature qui ne va pas cesser de se développer jusqu'à l'importance, aujourd'hui, des idées écologistes.

Bouleversements du monde, bouleversements de l'âme

Ainsi, le mot *romantique* évoque-t-il un état de notre vie intérieure. Girardin dira en 1777 [1] : « J'ai préféré le mot anglais romantique à notre mot français romanesque parce que celui-ci désigne plutôt la fable du roman, et l'autre, la situation, et l'impression touchante que nous en recevons. »

On le voit, l'idée de « romantisme » est liée aux bouleversements du monde et aux bouleversements de l'âme. Bouleversements politiques avec les idées de la Révolution française qui, portées par Bonaparte, traversent l'Europe. Bouleversements politiques avec l'image d'un même Napoléon qui apparaît tour à tour puis en même temps libérateur pour les uns, tyran pour les autres. Et, après sa chute puis sa mort, comme le symbole de la Révolution.

Bouleversements de l'âme, de l'être, en même temps des peuples, en même temps de chacun.

On va être attentif aux histoires nationales, à l'histoire de son pays, on va être attentif à ses racines, attentif aux autres, attentif

---

1. Louis de GIRARDIN, *De la composition des paysages*, 1777, dans Rousseau, *Œuvres*, Notes et variantes, p. 1794, Bibliothèque de la Pléiade.

à soi [1]. Car ce qui commence à gagner les consciences, ce qui pousse à s'engager, et ce avec quoi, aujourd'hui encore, nous n'en avons pas fini, c'est l'idée du droit des peuples à disposer d'eux-mêmes et du droit de chacun à disposer de soi.

L'alliance du grotesque et du terrible

Si le roman permet de peindre l'ensemble de ces bouleversements et de ces exigences, rien comme le poème ne peut dire l'être profond et intime. Mais, parce qu'il est un lieu social, parce qu'il montre, fait vivre et permet au spectateur de vivre ce qu'il voit, c'est d'abord le théâtre qui, en France, va devenir, très vite, le grand genre « romantique ». Et c'est par le théâtre que le « romantisme » va se populariser. Où, en effet, la vérité des situations, la vérité des êtres, « l'alliance du grotesque et du terrible », pour reprendre la définition de Victor Hugo, pouvait-elle le mieux s'exprimer ?

Car il s'agit bien de montrer de façon vivante que la beauté côtoie ce qu'il peut y avoir de plus hideux. Comme dans le roman de Hugo *Notre-Dame de Paris*, publié en 1831, la belle et jeune Esmeralda a pitié du condamné et donne à boire à Quasimodo, difforme et monstrueux, qui avait pourtant essayé de l'enlever et qu'on a attaché au pilori :

« C'eût été partout un spectacle touchant que cette belle fille fraîche, pure, charmante, et si faible en même temps, ainsi pieusement accourue au secours de tant de misère, de difformité et de méchanceté. Sur un pilori, ce spectacle était sublime. »

Ce que le roman raconte, le théâtre a le pouvoir de le montrer.

Or, le théâtre, malgré Marivaux, Beaumarchais et tant d'autres, était encore synonyme de « classique », essentiellement synonyme de « tragédie », de vers cadencés, de l'obligation qui était faite, pour que ce soit « beau », de faire tenir l'action en un seul lieu et en un temps crédible. De viser à la généralité des caractères. Ces impératifs s'étaient lentement figés jusqu'à apparaître anciens et sans vie.

---

1. « La littérature romantique est la seule qui soit susceptible encore d'être perfectionnée parce qu'ayant ses racines dans notre propre sol », Mme de Staël, *De l'Allemagne.*

La vérité des êtres

La « beauté » telle que les romantiques la conçoivent veut d'abord la vérité des êtres et des sentiments, et donc les cas particuliers. En effet ce qui est vrai pour tout le monde ne peut que négliger ce qui est propre à chacun. Il n'y a pas de vérité générale. Mais, chaque fois, la vérité de chacun et la vérité du temps, et donc la durée du temps de l'histoire, comme dans les romans.

La vérité des lieux, et donc l'action se situe dans des endroits différents.

La vérité du langage, et donc les vers ou la prose par lesquels les personnages s'exprimaient deviennent absolument différents.

De la sorte, le mot « romantique » a bien vite désigné un certain nombre d'idées, une façon d'être, et la manière d'exprimer tout cela. Manière et expressions qui s'opposent au « classicisme ». Ainsi s'éclaire une idée essentielle : la manière d'exprimer et sa beauté – l'esthétique – sont absolument liées à la pensée qu'elles expriment et à la vérité du monde.

« Je mis un bonnet rouge au vieux dictionnaire ! »

Cela nous semble, en tout cas au plan des idées, tout à fait normal aujourd'hui. Mais à « l'époque romantique », Victor Hugo, encore lui, s'écrie dans un poème : « Je mis un bonnet rouge au vieux dictionnaire ! » et montre ainsi, puisque c'est au bonnet phrygien des révolutionnaires qu'il fait allusion, que les idées de liberté s'étendent à tous les domaines. Nous dirions aujourd'hui que le poète voulait démocratiser son art :

> « Je mis un bonnet rouge au vieux dictionnaire !
> Plus de mots sénateurs, plus de mots roturiers !
> Je fis une tempête au fond de l'encrier :
> J'ai dit aux mots : Soyez république ! Soyez
> La fourmilière immense et travaillez ! Croyez,
> Aimez, vivez ! J'ai mis tout en branle et, morose,
> J'ai jeté le vers noble aux chiens noirs de la prose. »

Et même, par souci de la vérité, des romanciers comme Hugo, Balzac ou Eugène Sue (1804-1857) introduisent l'argot dans la littérature.

« Soyez république ! » dit Victor Hugo aux mots.

La littérature doit devenir celle de tout un peuple. En même temps, s'accentue l'intérêt que l'on porte à la démocratie. Des historiens comme Tocqueville et Michelet analysent l'histoire et les sociétés.

Environ vingt-sept millions d'habitants

En 1800, la France compte environ vingt-sept millions d'habitants. Elle est, avec l'Autriche, le pays le plus peuplé d'Europe. Même si, en ce temps-là, sur cent enfants qui voient le jour, il en meurt vingt-quatre avant la première année. Ce chiffre passera à seize au milieu du siècle. Il est de 3 ‰ à 4 ‰ aujourd'hui. Pourtant, en 1850, alors que la population de nos voisins s'est accrue de 40 % à 50 %, et même de 70 % pour l'Angleterre, le nombre des habitants en France n'a augmenté que de 29 %. Mais l'espérance de vie, grâce aux progrès de la médecine, à la vaccination[1] contre la variole, par exemple, grâce à l'assainissement, grâce à une meilleure alimentation, passe de vingt-neuf ans en 1789 à quarante-deux ans en 1850.

Paris, qui comptait près de cinq cent cinquante mille habitants en 1800, soit deux pour cent des Français, était à l'époque une concentration exceptionnelle en Europe, avec celle de Londres. Paris aura un million quatre cent mille habitants en 1850, c'est-à-dire presque trois fois plus. Cela représente quatre pour cent des Français. La population des banlieues a, quant à elle, été multipliée par quatorze.

Un moment décisif pour les sciences

Le premier éclairage public au gaz date de 1826. Il y a encore dans les rues près de vingt mille porteurs d'eau. Déjà, le cœur de Paris est surpeuplé et la ville grandit par sa périphérie alors que les villes de province croissent dans une moins grande proportion.

C'est, en même temps, un moment décisif pour le développement des sciences. En prenant des dispositions comme, par exemple, celle qui consistait à unifier les poids et mesures, ou en appelant les savants à aider la « Patrie en danger », l'époque révolutionnaire donne à la recherche une impulsion considérable et dans tous les domaines. Du microscope et de la cellule

1. Ce mot apparaît en 1801, justement à propos de la variole.

vivante à l'infini de l'espace, de l'électromagnétisme au premier train à vapeur, les découvertes et les inventions connaissent une accélération qui ne s'est pas démentie depuis.

Les applications techniques des découvertes mathématiques et physiques ne cesseront plus de transformer le monde et de plus en plus vite.

L'effort de connaissance touche tous les domaines. Même celui de la langue : on publie dictionnaires et grammaires.

Mais le triomphe du progrès s'accompagne parfois d'un courant de nostalgie pour des manières de vivre d'autrefois, souvent lié au souvenir de l'Ancien Régime.

Comment s'étonner que les romantiques ne soient divisés à ce propos ? Les uns, comme Alfred de Vigny dans *La Maison du berger*, diront le regret qu'ils ont de voir la « technique » s'opposer à la nature :

> « *Évitons ces chemins. – Leur voyage est sans grâce.*
> *Puisqu'il est aussi prompt sur ses lignes de fer,*
> *Que la flèche élancée à travers les espaces,*
> *Qui va de l'arc au but en faisant siffler l'air.*
> *Ainsi jetée au loin, l'humaine créature*
> *Ne respire et ne voit dans toute la nature,*
> *Qu'un brouillard étouffant que traverse un éclair*[1]. »

D'autres, comme Hugo, crieront leur confiance dans le progrès. Mais un progrès qui englobe celui de l'homme, ainsi qu'il l'écrira en 1859 à Théophile Gautier :

> « *Le poète ne peut aller seul, il faut que l'homme aussi se déplace. Les pas de l'humanité sont donc les pas mêmes de l'art. Donc gloire au progrès.*
> *C'est pour le progrès que je souffre en ce moment et que je suis prêt à mourir...* »

La naissance de l'instruction publique

À cette époque sont créées quelques-unes des grandes écoles que nous connaissons encore aujourd'hui, comme l'École polytechnique, et on prend conscience de ce que nous appelons de nos jours la nécessité de formation.

En 1813, on recense moins d'un million d'élèves pour trente

---

1. On rapprochera ces vers de ceux de Guillaume Apollinaire au début du XXe siècle : « Crains qu'un jour un train ne t'émeuve plus. »

mille écoles. Mais l'idée d'un enseignement public gagne de plus en plus. Des associations sont nées, qui font campagne en faveur de l'instruction élémentaire.

En 1831, la loi Guizot institue un enseignement primaire public et, à partir de 1836, un enseignement spécifique ouvert aux filles. Ainsi, la population scolaire augmentera d'un million d'enfants entre 1837 et 1847 avec trois millions cinq cent mille scolarisés.

Progression considérable qui ne doit pourtant pas nous faire oublier que des millions d'enfants travaillent dès l'âge de sept ans, et près de quinze heures par jour.

Quant aux collèges, ils ne sont fréquentés en 1848 que par environ cent mille élèves, auxquels il faut ajouter le petit nombre de ceux qui reçoivent l'enseignement d'un précepteur.

Livres et journaux prennent de l'importance

C'est dans ce contexte que livres et journaux vont avoir de plus en plus d'importance et que les différents pouvoirs politiques qui vont se succéder de Napoléon à la seconde République ne cesseront de prendre des mesures pour contrôler et censurer les écrits. Au cours de cette période, le tirage des journaux triple pour atteindre environ 180 000 exemplaires. De nombreuses œuvres y seront publiées d'abord sous forme de feuilleton.

Mais le plus important est peut-être – en même temps que se développe ce qu'on appelle de nos jours le pouvoir des médias – que l'on cherche et que l'on réussit à abaisser leur prix de vente, et donc à en populariser la lecture. La lithographie et d'autres techniques de gravure permettent les illustrations et les caricatures. Tous seront, soit en les combattant ou en voulant les freiner, soit en s'efforçant de les faire mieux connaître, le véhicule des idées nouvelles et donc du romantisme.

Pourtant, même si on estime qu'il y a alors en France plusieurs millions de personnes capables de lire, le tirage moyen d'un livre est d'environ 1 200 exemplaires. En 1836, un livre de Victor Hugo est tiré à 2 500 exemplaires. Certaines œuvres, cependant, comme les romans de Walter Scott, atteignent 10 000 exemplaires et rencontrent un grand succès populaire.

Une solitude déchirante

De plus, alors que les bibliothèques fonctionnent mal, la mode est aux cabinets de lecture, petites boutiques privées ouvertes de sept heures du matin à onze heures du soir, où la clientèle peut entrer et lire, pour une somme modique, journaux et brochures, ouvrages savants ou romans. Mais ce sont les romans qui forment l'essentiel de leurs fonds.

Il existe plus de quatre cents cabinets de lecture à Paris en 1830. Certains offrent la possibilité d'un prêt à domicile.

Tout cela ne permet pourtant pas aux auteurs d'atteindre le public auquel ils aspirent et dont ils ont besoin. Matériellement, la plupart vivent très mal de leurs écrits. Et les écrivains romantiques entendent toucher l'humanité tout entière.

Au sentiment de singularité sur lequel se fonde le romantisme s'ajoute la solitude, une solitude déchirante au milieu de la foule.

Le sentiment intense de la musique

Ce panorama serait incomplet s'il ne faisait pas mesurer l'importance des chansons à cette époque – textes et partitions parfois vite populaires – et celle de la place que tient la musique. Frédéric Chopin, mort en exil en France en 1849 à trente-neuf ans, est lui-même un héros romantique. Les échanges entre les peintres, les écrivains et les compositeurs sont profonds et fréquents. Les compositeurs s'emparent de sujets romantiques. Des opéras inspirent les poètes. Certains en écriront les livrets. Et on commence à collecter et à étudier les airs et les chansons du folklore. En 1830, par exemple, *Les Neuf Mélodies irlandaises* du compositeur français Hector Berlioz viennent confirmer l'alliance qu'on semblait avoir oubliée entre la musique et les mots. Mais cette musique aura parfois bien du mal à être acceptée. De la musique du même Berlioz, le plus romantique des peintres, Delacroix, écrit dans son journal de 1850 : « Ce bruit est assommant ; c'est un héroïque gâchis. » Ce qui n'empêchera pas l'art nouveau de s'imposer. Poètes et musiciens non seulement collaboreront, mais le sentiment intense de la musique traversera de nombreuses œuvres. En même temps que des héros de la littérature : Don Juan, Othello, Faust deviennent les héros d'œuvres musicales. On lit, par exemple, chez Gérard de Nerval :

> *« Il est un air pour qui je donnerais*
> *Tout Rossini, tout Mozart et tout Weber... »*
> (Il faut prononcer Wèbre.)

Stendhal et Balzac, eux aussi, ne se lasseront pas de chercher à montrer ce qu'est la force de la musique. Deux romans de George Sand : *Consuelo* et *Les Maîtres sonneurs* sont des romans de l'art musical. Que *consuelo* signifie *consolation* montre bien quel pouvoir la romancière y trouvait.

« Une force qui va »

Le romantisme est à l'image d'un souffle.

Ce que nous venons d'évoquer, ces traits qui peuvent sembler éparpillés, se fondent. Le romantisme est avant tout une aspiration immense à l'unité, à la vérité, à la profondeur de l'être.

Le héros romantique est énigme et force tendue vers l'avenir. Il s'inscrit dans le temps. Il prend le temps en compte. Il pleure le temps qui fuit. Le temps de la vie, mais aussi le temps de l'Histoire.

Il prend le monde en compte, les climats, la distance, les lieux et leur passé. Il prend la foule en compte.

Et dans cette foule, le héros romantique est orgueilleusement singulier. D'indéfinissables désirs l'animent. Il aime. Il souffre. Il est seul.

Mais cette singularité même témoigne de ce que le romantique entend être, parfois douloureusement, à la fois un guide prophétique pour ses semblables, à la fois celui dont le destin unique, solitaire et dramatique accuse l'humanité et aide à la racheter.

Un destin unique

Comment s'étonner alors que les adversaires du romantisme aient pu, en exagérant tel ou tel trait, railler et caricaturer ceux qu'ils combattaient ? Les romantiques eux-mêmes exagéraient leur singularité. N'oublions pas que « romantique » a d'abord pris dans le vocabulaire la place de « romanesque », adjectif qui vient de « roman », et qu'on devait traiter de « romantique » quelqu'un dont le comportement ou l'outrance des sentiments ferait qu'on dirait aujourd'hui de lui : « il fait son cinéma ».

Et comme aujourd'hui le cinéma, les romantiques vont se saisir, par exemple, des progrès scientifiques et techniques pour faire trembler le public avec des récits fantastiques, des « romans noirs » qui exalteront tantôt le pouvoir du mal, tantôt celui du bien.

Ce sont à l'origine des romans anglais qui racontent, en cherchant à effrayer les lecteurs, des histoires de terreur, de meurtre, de tombeaux, de revenants. On les traduit. Puis on les imite. Récits de paniques, de vertus qu'on persécute, récits d'amours tragiques et cruelles.

Ou ce seront des évocations du passé. Ainsi Champollion, en déchiffrant l'écriture de l'Égypte antique, les hiéroglyphes, ouvre la porte aux imaginations, aux voyages réels et imaginaires. Dans l'espace du monde, comme dans celui de l'Histoire.

Car le goût de la reconstitution historique s'amplifie et devient de plus en plus populaire. Le succès, entre autres, des *Trois Mousquetaires* et des autres romans d'Alexandre Dumas en témoigne.

On s'intéresse aux civilisations disparues, aux sources poétiques. Aux autres pays. On redécouvre et on traduit les œuvres. On traduit les poètes du passé. On ira même jusqu'à en inventer. On devient attentif aux littératures régionales, occitane, par exemple, ou bretonne.

Gérard de Nerval recueille le folklore du Valois. Il traduit le *Faust* de Goethe emprunté à une vieille légende.

La fascination de l'Orient fait particulièrement rêver. Certains, comme l'Anglais lord Byron, se plaindront même d'être « venus trop tard dans un monde trop vieux ».

« *Le vague des passions* » : *un état indéfinissable*

On explore les sentiments : la mélancolie, l'angoisse. On fait place à « la sensibilité ». On opposera la pureté de l'instinct et l'innocence de l'enfance et le vrai sentiment de la nature, du sol, de son passé, au machinisme naissant et au bouleversement des villes et de la société. On exaltera « un état de l'âme, le vague des passions », pour reprendre une expression de Chateaubriand. On pleurera d'être incompris. On pleurera d'être compris. On pleurera d'amour ! Écoutons ce qu'écrit par exemple Alfred de Musset dans *La Confession d'un enfant du siècle* :

« *Lorsque, par un beau clair de lune, nous traversions lente-ment la forêt, nous nous sentions pris tous les deux d'une mélan-colie profonde. Brigitte me regardait avec pitié. Nous allions nous asseoir sur une roche qui dominait une gorge déserte ; nous y passions des heures entières ; ses yeux à demi voilés plongeaient dans mon cœur à travers les miens, puis elle les reportait sur la nature, sur le ciel et sur la vallée. "Ah ! mon cher enfant, disait-elle, que je te plains ! Tu ne m'aimes pas."* »

Écoutons Marceline Desbordes-Valmore :

« *Dis-leur, si tu le peux, ton empire sur moi...* »

Et un peu plus tard :

« *Car ce qui nous aima, nous le pleurons toujours.* »

Comme vont de pair l'ombre et la lumière

Qu'il ne soit pas possible d'énoncer une idée, un sentiment, une situation, sans qu'aussitôt surgisse leur contraire, voilà qui est, peut être, le propre du romantisme.

La vérité d'un monde terrible et souvent grotesque et l'aspi-ration à la beauté coexistent, comme vont de pair l'ombre et la lumière.

La réalité unifie ce qui la divise. Le temps aussi, entre autre-fois et maintenant. Entre avant que le destin n'ait frappé, et après.

Cette idée vaut aussi pour la vie intérieure et l'âme. Le moi est divisé. L'homme est double. Ce qui manque à soi-même pour être totalement soi ne va pas sans le sentiment d'une profonde plénitude qu'on a peut-être connue. Ou qui est toute proche et que la destinée s'acharne à tenir éloignée.

Place est faite à l'invisible

Place est faite à l'invisible, à l'insaisissable, aux chimères, au rêve. Aspiration, mouvement, coup du sort et insatisfaction sont un tout.

On s'enflamme pour les causes les plus nobles : l'amour, la liberté, le progrès social, l'abolition de l'esclavage, l'émancipa-tion des femmes. Mais on mesure ce que le progrès fait irrémédiablement disparaître. On regrette l'innocence d'autrefois, la pureté perdue, l'enfance. On ne saura comment nommer ce sentiment d'infini qui étreint l'âme.

Nommer

Voilà bien ce qu'on demande à la poésie : nommer ce qui manque à soi pour être soi, nommer ce mouvement, nommer ce sentiment d'infini. Nommer la mémoire que nous en avons et cette conscience tout à coup d'un espace en nous qui se produit, insaisissable comme dans l'orage, en même temps que nous nommons le monde, et qui est ce que nous sommes.

C'est-à-dire le contraire de ce qui est figé. Le contraire de ce qui est enfermé dans les mots et la syntaxe. Peut-être le contraire de ce qui est dit. Peut-être le silence quand nous voulons dire quelque chose en nous taisant. Ou quelque chose que nous disons avec des mots qui disent davantage que leur sens, que ce qu'ils veulent dire dans la phrase.

Le sens et l'émotion que le sens provoque

Quelque chose que produisent leur association, leur sonorité, leur place. Le poète invente à la fois du sens et à la fois ce qui le provoque. Comme on est poète quand, en prononçant avec une certaine intonation le nom d'un être aimé, c'est cet être tout entier, et l'amour qu'il nous inspire, qui est dit.

La poésie déborde toujours. Elle va toujours au-delà de ce qui, croit-on quelquefois, serait là pour la contenir et la porter. C'est dire qu'il n'y a pas, qu'il ne peut y avoir de recette.

Chaque époque a cherché à définir la poésie. Et la nôtre aussi. Il y a, à chaque époque, ceux qui prétendent que c'est ça et ça et pas autre chose.

Par exemple, que la poésie consiste à dire en vers, et à l'aide de rimes : c'est-à-dire avec, de vers en vers, un système d'écho sonore, et pas n'importe comment, et que la cadence des vers doit obéir à des règles précises.

Il n'y a pas de recette

Ce qui commence, avec les romantiques, c'est d'abord l'idée que la poésie n'a pas obligatoirement besoin du système des vers. On trouvera de la poésie dans la prose. On ira même jusqu'à écrire des poèmes en prose. Ce qui nous paraît, de nos jours, tout à fait naturel.

Si on utilise les vers, ce sera en transformant ce qui était les principes auxquels ils devaient être soumis. Par exemple, que chaque vers devait être complet quant au sens, et ne pas avoir besoin du vers suivant pour être intelligible.

En rompant avec cette règle on retrouve le mouvement, qui a l'air si spontané, de la parole. Comme, par exemple, quand Alfred de Musset écrit :

> On dit : « triste comme la porte
> D'une prison »...
> Et je crois, le diable m'emporte !
> Qu'on a raison.

Les bouleversements qui ont alors affecté les idées qu'on avait de la poésie et de son écriture, n'ont pas fini de produire leurs effets.

Leur caractère novateur n'a pourtant pas fait disparaître les idées qu'on s'en faisait auparavant.

On continuera, et aujourd'hui encore certains continuent à concevoir qu'il n'y a pas de poésie ailleurs que dans les vers. On continue à se disputer sur ce qui est l'objet de la poésie : doit-elle parler de l'Histoire ? N'est-elle réservée qu'à l'évocation de ce qu'il y a de plus intime dans le cœur humain ? Doit-elle ne faire qu'énoncer clairement ? Ne doit-elle dire que ce qui semble obscur en chacun de nous ?

Chaque poète réinvente la poésie

Tout cela qui forme, pour reprendre l'expression d'un poète contemporain, Paul Eluard, « les sentiers et les routes de la poésie », ne cesse pas de coexister mais n'a pas non plus cessé de se transformer.

À chaque époque, chaque poète réinvente la poésie. Chaque poète forge ses propres règles et libère le pouvoir des mots d'une façon qui ne correspond jamais tout à fait aux idées que ses contemporains se font et de la poésie et de ce qu'elle chante. C'est, par exemple, de Lamartine, du poète qui a écrit des vers comme :

> « *Objets inanimés, avez-vous donc une âme*
> *Qui s'attache à notre âme et la force d'aimer ?* »

qu'un critique dit en 1820 : « Pourquoi s'attacher à ne rien dire comme tout le monde, faire des idées les plus communes des énigmes inintelligibles, les envelopper, pour déguiser leur nullité, de nuages métaphysiques, de vapeur mystique et de brouillard mélancolique ? Le néologisme romantique n'est pas de la poésie [1]. »

C'est de nous-mêmes qu'il s'agit

Et pourtant, nous savons aujourd'hui que de tels vers ont contribué à nous rendre plus attentifs à notre relation avec le monde et les choses, et nous ont appris à écouter comme parle ce que, quelquefois, nous croyons muet. Un sentiment enfoui. Un arbre dans la rue de notre enfance. Un regard. Une bouée d'espoir...

Nous savons, surtout depuis Rimbaud et aussi parce que les sciences qui ont pour objet le langage et les rapports que nous entretenons avec notre langage, ont pris au XXe siècle un essor considérable, qu'un poème ne veut jamais « rien dire ».

Nous savons qu'il faut l'écouter comme profondément on entend qui on aime. Comme il nous arrive d'écouter ce que nous disons et ce qui se dit en nous.

Et qu'en écoutant un poème c'est, en fin de compte, toujours nous-mêmes que nous entendons.

B. V.

---

1. Cité par Jean-Marie Gleize, *in Poésie et Figuration*, Éditions du Seuil.

Quel âge ont-ils en 1830 ?

Chateaubriand	62 ans	Eugène Sue	26 ans
Béranger	50 ans	Aloysius Bertrand	23 ans
Stendhal	47 ans	Gérard de Nerval	22 ans
M. Desbordes-Valmore	4 ans	Pétrus Borel	21 ans
Lamartine	40 ans	Alfred de Musset	20 ans
Alfred de Vigny	33 ans	Théophile Gautier	19 ans
Balzac	31 ans	Baudelaire	9 ans
Alexandre Dumas	28 ans	Pierre Dupont	9 ans
Victor Hugo	28 ans		

Quoi de neuf dans la musique entre 1828 et 1832 ?

1828 Mort de Schubert
Chopin donne un concert
à Vienne
Berlioz donne son premier concert
1829 Rossini, *Guillaume Tell*

1830 Berlioz, *Symphonie fantastique*
Auber, *Fra Diavolo*
1831 Meyerbeer, *Robert le Diable*
1832 Chopin, *Mazurkas*
Rossini, *Stabat Mater*

Quoi de neuf dans la peinture entre 1828 et 1832 ?

1828 Mort de Goya
Delacroix : *La Mort de Sardanapale*
1829 Delacroix : lithographies
pour *Faust*
1830 Corot : *La Cathédrale de Chartres*
Naissance de Pissarro

1831 Delacroix : *La Liberté guidant le peuple*
Daumier : Illustrations
pour *Gargantua*
1832 Daumier est condamné
pour ses dessins contre
Louis-Philippe
Naissance de Manet

Quelques grandes œuvres romantiques ailleurs qu'en France

1774 *Werther* de Goethe (1749-1832) en Allemagne

1782 *Les Brigands* de Schiller (1759-1805) en Allemagne

1797 *Hyperion* de Hölderlin (1770-1828) en Allemagne

1800 *Hymnes à la nuit* de Novalis (1772-1801) en Allemagne

1807 *Poèmes* de Wordsworth (1770-1850) en Angleterre

1808 Premier *Faust* de Goethe en Allemagne

1812 *Child Harold* de Byron (1788-1824) en Angleterre

1817 *Poèmes* de Keats (1795-1821) en Angleterre

1819 *Ivanhoé* de Walter Scott (1771-1822) en Angleterre

1820 *Prométhée délivré* de Shelley (1792-1822) en Angleterre

1823 *Ballades et Romances* de Mickiewicz (1798-1855) en Pologne

1826 *Versi* de Leopardi (1798-1837) en Italie

1827 *Le Livre des chants* de Heine (1797-1856) en Allemagne

1828 *Les Fiancés* de Manzoni (1785-1873) en Italie

1833 *Eugène Onéguine* de Pouchkine (1799-1837) en Russie

1840 *Un héros de notre temps* de Lermontov (1814-1841) en Russie
Histoires extraordinaires de Edgar Poe (1809-1849) aux États-Unis

1842 *Les Âmes mortes* de Gogol (1809-1852) en Russie

Événements politiques

1799 novembre : Consulat
1801 Bichat publie son *Anatomie générale*
1802 Napoléon : Consul à vie
1804 mai : Napoléon empereur
On découvre les phénomènes d'interférence de la lumière
1805 Bataille d'Austerlitz
1806 Blocus continental
1809 Bataille de Wagram
1812 Campagne de Russie
Retraite de la Berezina
Premier télégraphe électrique
1813 Défaite de Napoléon à Leipzig
1814 avril : abdication de Napoléon
mai : Louis XVIII entre à Paris
septembre : Congrès de Vienne
Stephenson invente la locomotive
1815 Retour de Napoléon
Bataille de Waterloo
Louis XVIII revient
1818 On entend les battements de cœur d'un fœtus
1819 Le premier bateau à vapeur traverse l'Atlantique en 25 jours
1820 On invente la première lampe à incandescence
1821 Mort de Napoléon
1822 Expériences sur la vitesse du son
1823 Niepce invente la photographie

Événements politiques

1824 Mort de Louis XVIII : Charles X lui succède
1829 Invention de l'écriture Braille
1830 juillet : Révolution : chute de Charles X
1831 Révolte des canuts lyonnais
1833 On découvre les lois de l'électrolyse
1834 Loi limitant la liberté de la presse et le droit d'association
1837 On met en service le télégraphe Morse
Conquête de l'Algérie
1841 Première utilisation du marteau-pilon
Une loi limite à 8 heures la durée du travail des enfants de 8 à 12 ans dans les manufactures
1846 Chemin de fer Paris-Lille
1847 Émeutes de la faim.
Krupp fabrique le premier canon en acier
On invente la nitroglycérine
On invente le béton armé
1848 février-mars : Révolution
Proclamation de la République
décembre : Louis-Napoléon élu président de la République
1850 Restriction du suffrage universel
1851 décembre : coup d'État de Louis-Napoléon Bonaparte

1800 Sade :
Les Crimes de l'amour
Madame de Staël :
De la littérature
1801 Chateaubriand : *Atala*
Baour-Lormian : traduction
de *Ossian* en vers
1802 Naissance de Hugo
1807 Nais. d'Aloysius Bertrand
1808 Nais. de Gérard de Nerval
1809 Nais. de Pétrus Borel
Chateaubriand : *Les Martyrs*
Benjamin Constant :
adaptation de *Wallenstein* de
Schiller
1810 Nais. d'Alfred de Musset
1811 Nais. de Théophile Gautier.
1812 Millevoye : *Élégies*
1813 Sismondi : *De la littérature
du milieu de l'Europe*
P.-L. Courier : traduction de
Daphnis et Chloé
Madame de Staël : *De
l'Allemagne*
1818 Nais. de Leconte de Lisle
1819 Publication des *Poésies* d'An-
dré Chénier
M. Desbordes-Valmore :
Élégies et Romances
1820 Lamartine : *Méditations
poétiques*
1821 Nais. de Baudelaire
1822 Vigny : *Poèmes*
Hugo : *Odes*
1826 Vigny : *Poèmes antiques et
modernes*
Hugo : *Odes et Ballades*
1827 Nerval : traduction de *Faust*
de Goethe
1828 Béranger :
Nouvelles Chansons
1829 Hugo : *Les Orientales*
1830 Naissance de Mistral
Lamartine : *Harmonies
poétiques et religieuses*

Gautier : *Poésies*
1831 Hugo : *Les Feuilles d'au-
tomne*
1832 Vigny : *Stello*
Musset : *Spectacle dans un
fauteuil*
1833 Musset : *Rolla*
Gautier : *Les Jeune-France*
Béranger : *Chansons
nouvelles et dernières*
1835 Musset : *Les Nuits*
Hugo : *Les Chants du
crépuscule*
1836 Lamartine : *Jocelyn*
1837 Hugo : *Les Voix intérieures*
1838 Lamartine : *La Chute d'un
ange*
1839 Vigny : *Le Mont des Oliviers*
1840 Hugo : *Les Rayons et les
Ombres*
Musset : *Poésies complètes*
1841 Mort d'Aloysius Bertrand
Crise de folie de Nerval
Hugo à l'Académie française
1842 Aloysius Bertrand : *Gaspard
de la nuit*
Nais. de Mallarmé
1843 Marceline Desbordes-Val-
more : *Bouquets et Prières*
1844 Naissance de Verlaine
Vigny : *La Maison du berger*
1846 Naissance de Lautréamont
Pierre Dupont : *Le Chant des
ouvriers*
1847 Vigny : *La Bouteille à la mer*
1848 Mort de Chateaubriand
Publication des *Mémoires
d'outre-tombe*
1851 Nerval : *Le Voyage en Orient*
Baudelaire : *Du vin et du
hachisch*
Pierre Dupont : *La Muse
populaire*
Hugo prend le chemin de
l'exil

Germaine de STAËL
(1766-1817)

LE VÉSUVE ET LA CAMPAGNE
DE NAPLES
(*Extrait*)

Lord Nelvil resta longtemps anéanti après le récit cruel qui avait ébranlé toute son âme. Corinne essaya doucement de le rappeler à lui-même : la rivière de feu qui tombait du Vésuve, rendue visible enfin par la nuit, frappa vivement l'imagination troublée d'Oswald. Corinne profita de cette impression pour l'arracher aux souvenirs qui l'agitaient, et se hâta de l'entraîner avec elle sur le rivage de cendres de la lave enflammée.

Le terrain qu'ils traversèrent, avant d'y arriver, fuyait sous leurs pas, et semblait les repousser loin d'un séjour ennemi de tout ce qui a vie : la nature n'est plus dans ces lieux en relation avec l'homme. Il ne peut plus s'en croire le dominateur ; elle échappe à son tyran par la mort. Le feu du torrent est d'une couleur funèbre ; néanmoins quand il brûle les vignes ou les arbres, on en voit sortir une flamme claire et brillante ; mais la lave même est sombre, telle qu'on se représente un fleuve de l'enfer ; elle roule lentement comme un sable noir de jour et rouge la nuit. On entend, quand elle approche, un petit bruit d'étincelles qui fait d'autant plus de peur qu'il est léger, et que la ruse semble se joindre à la force : le tigre royal arrive ainsi secrètement à pas comptés. Cette lave avance sans jamais se hâter et sans perdre un instant ; si elle rencontre un mur élevé, un édifice quelconque qui s'oppose à son passage, elle s'arrête, elle amoncelle devant l'obstacle ses torrents noirs et bitumineux, et l'ensevelit enfin sous ses vagues brûlantes. Sa marche n'est point assez rapide pour que les hommes ne puissent pas fuir devant elle ; mais elle atteint, comme le temps, les imprudents et les vieillards qui, la voyant venir lourdement et silencieuse-

29

ment, s'imaginent qu'il est aisé de lui échapper. Son éclat est si ardent, que pour la première fois la terre se réfléchit dans le ciel, et lui donne l'apparence d'un éclair continuel : ce ciel, à son tour, se répète dans la mer, et la nature est embrasée par cette triple image du feu.

Le vent se fait entendre et se fait voir par des tourbillons de flamme dans le gouffre d'où sort la lave. On a peur de ce qui se passe au sein de la terre, et l'on sent que d'étranges fureurs la font trembler sous nos pas. Les rochers qui entourent la source de la lave sont couverts de soufre, de bitume, dont les couleurs ont quelque chose d'infernal. Un vert livide, un jaune brun, un rouge sombre, forment comme une dissonance pour les yeux, et tourmentent la vue, comme l'ouïe serait déchirée par ces sons aigus que faisaient entendre les sorcières quand elles appelaient, de nuit, la lune sur la terre.

Tout ce qui entoure le volcan rappelle l'enfer, et les descriptions des poètes sont sans doute empruntées de ces lieux. C'est là que l'on conçoit comment les hommes ont cru à l'existence d'un génie malfaisant qui contrariait les desseins de la Providence. On a dû se demander, en contemplant un tel séjour, si la bonté seule présidait aux phénomènes de la création, ou bien si quelque principe caché forçait la nature, comme l'homme, à la férocité. – Corinne, s'écria lord Nelvil, est-ce de ces bords infernaux que part la douleur ? L'ange de la mort prend-il son vol de ce sommet ? Si je ne voyais pas ton céleste regard je perdrais ici jusqu'au souvenir des œuvres de la divinité qui décorent le monde ; et cependant cet aspect de l'enfer, tout affreux qu'il est, me cause moins d'effroi que les remords du cœur. Tous les périls peuvent être bravés ; mais comment l'objet qui n'est plus pourrait-il nous délivrer des torts que nous nous reprochons envers lui ? Jamais ! Jamais ! Ah ! Corinne, quelle parole de fer et de feu ! Les supplices inventés par les rêves de la souffrance, la roue qui tourne sans cesse, l'eau qui fuit dès qu'on veut s'en approcher, les pierres qui retombent à mesure qu'on les soulève, ne sont qu'une faible image pour exprimer cette terrible pensée, l'impossible et l'irréparable ! –

Un silence profond régnait autour d'Oswald et de Corinne ; leurs guides eux-mêmes s'étaient retirés dans l'éloignement ; et comme il n'y a près du cratère ni animal, ni insecte, ni plante, on n'y entendait que le sifflement de la flamme agitée. Néanmoins, un bruit de la ville arriva jusque dans ce lieu ; c'était le son des cloches qui se faisait entendre à travers les airs : peut-être célébraient-elles la mort, peut-être annonçaient-elles la naissance ; n'importe, elles causèrent une douce émotion aux voyageurs. – Cher Oswald, dit Corinne, quittons ce désert, redescendons vers les vivants ; mon âme est ici mal à l'aise. Toutes les autres montagnes, en nous rapprochant du ciel, semblent nous élever au-dessus de la vie terrestre ; mais ici je ne sens que du trouble et de l'effroi : il me semble voir la nature traitée comme un criminel, et condamnée, comme un être dépravé, à ne plus sentir le souffle bienfaisant de son créateur. Ce n'est sûrement pas ici le séjour des bons, allons-nous-en. –

Une pluie abondante tombait pendant que Corinne et lord Nelvil redescendaient vers la plaine. Leurs flambeaux étaient à chaque instant prêts à s'éteindre. Les Lazzaroni les accompagnaient en poussant des cris continuels qui pourraient inspirer de la terreur à qui ne saurait pas que c'est leur façon d'être habituelle. Mais ces hommes sont quelquefois agités par un superflu de vie dont ils ne savent que faire, parce qu'ils réunissent au même degré la paresse et la violence. Leur physionomie plus marquée que leur caractère semble indiquer un genre de vivacité dans lequel l'esprit et le cœur n'entrent pour rien. Oswald, inquiet que la pluie ne fît du mal à Corinne, que la lumière ne leur manquât, enfin qu'elle ne fût exposée à quelques dangers, ne s'occupait plus que d'elle ; et cet intérêt si tendre remit son âme par degrés de l'état où l'avait jeté la confidence qu'il lui avait faite. Ils retrouvèrent leur voiture au pied de la montagne ; ils ne s'arrêtèrent point aux ruines d'Herculanum, qu'on a comme ensevelies de nouveau pour ne pas renverser la ville de Portici qui est bâtie sur cette ville ancienne. Ils arrivèrent à Naples vers minuit, et Corinne promit à lord Nelvil, en le quittant, de lui remettre le lendemain matin l'histoire de sa vie.

.../...

(Corinne ou l'Italie)

François René de CHATEAUBRIAND
(1768-1848)

RENÉ
(Extrait)

.../...

» La solitude absolue, le spectacle de la nature, me plongèrent bientôt dans un état presque impossible à décrire. Sans parents, sans amis, pour ainsi dire seul sur la terre, n'ayant point encore aimé, j'étais accablé d'une surabondance de vie. Quelquefois je rougissais subitement, et je sentais couler dans mon cœur, comme des ruisseaux d'une lave ardente ; quelquefois je poussais des cris involontaires, et la nuit était également troublée de mes songes et de mes veilles. Il me manquait quelque chose pour remplir l'abîme de mon existence ; je descendais dans la vallée, je m'élevais sur la montagne, appelant de toute la force de mes désirs l'idéal objet d'une flamme future ; je l'embrassais dans les vents ; je croyais l'entendre dans les gémissements du fleuve : tout était ce fantôme imaginaire, et les astres dans les cieux, et le principe même de vie dans l'univers.

» Toutefois cet état de calme et de trouble, d'indigence et de richesse, n'était pas sans quelques charmes. Un jour je m'étais amusé à effeuiller une branche de saule sur un ruisseau, et à attacher une idée à chaque feuille que le courant entraînait. Un roi qui craint de perdre sa couronne par une révolution subite, ne ressent pas des angoisses plus vives que les miennes, à chaque accident qui menaçait les débris de mon rameau. Ô faiblesse des mortels ! Ô enfance du cœur humain qui ne vieillit jamais ! Voilà donc à quel degré de puérilité notre superbe raison peut descendre ! Et encore est-il vrai que bien des hommes attachent leur destinée à des choses d'aussi peu de valeur que mes feuilles de saule.

» Mais comment exprimer cette foule de sensations fugitives,

32

que j'éprouvais dans mes promenades ? Les sons que rendent les passions dans le vide d'un cœur solitaire, ressemblent au murmure que les vents et les eaux font entendre dans le silence d'un désert : on en jouit, mais on ne peut les peindre.

» L'automne me surprit au milieu de ces incertitudes : j'entrai avec ravissement dans les mois des tempêtes. Tantôt j'aurais voulu être un de ces guerriers errant au milieu des vents, des nuages et des fantômes ; tantôt j'enviais jusqu'au sort du pâtre que je voyais réchauffer ses mains à l'humble feu de broussailles qu'il avait allumé au coin d'un bois. J'écoutais ses chants mélancoliques, qui me rappelaient que dans tout pays, le chant naturel de l'homme est triste, lors même qu'il exprime le bonheur. Notre cœur est un instrument incomplet, une lyre où il manque des cordes, et où nous sommes forcés de rendre les accents de la joie sur le ton consacré aux soupirs.

» Le jour, je m'égarais sur de grandes bruyères terminées par des forêts. Qu'il fallait peu de chose à ma rêverie : une feuille séchée que le vent chassait devant moi, une cabane dont la fumée s'élevait dans la cime dépouillée des arbres, la mousse qui tremblait au souffle du nord sur le tronc d'un chêne, une roche écartée, un étang désert où le jonc flétri murmurait ! Le clocher du hameau, s'élevant au loin dans la vallée, a souvent attiré mes regards ; souvent j'ai suivi des yeux les oiseaux de passage qui volaient au-dessus de ma tête. Je me figurais les bords ignorés, les climats lointains où ils se rendent ; j'aurais voulu être sur leurs ailes. Un secret instinct me tourmentait ; je sentais que je n'étais moi-même qu'un voyageur ; mais une voix du ciel semblait me dire : « Homme, la saison de ta migration n'est pas encore venue ; attends que le vent de la mort se lève, alors tu déploieras ton vol vers ces régions inconnues que ton cœur demande. »

» Levez-vous vite, orages désirés, qui devez emporter René dans les espaces d'une autre vie ! Ainsi disant, je marchais à grands pas, le visage enflammé, le vent sifflant dans ma chevelure, ne sentant ni pluie ni frimas, enchanté, tourmenté, et comme possédé par le démon de mon cœur.

» La nuit, lorsque l'aquilon ébranlait ma chaumière, que les pluies tombaient en torrent sur mon toit, qu'à travers ma fenêtre, je voyais la lune sillonner les nuages amoncelés, comme un pâle vaisseau qui laboure les vagues, il me semblait que la vie redoublait au fond de mon cœur, que j'aurais eu la puissance de créer des mondes. Ah ! si j'avais pu faire partager à une autre les transports que j'éprouvais ! Ô Dieu ! si tu m'avais donné une femme selon mes désirs ; si, comme à notre premier père, tu m'eusses amené par la main une Ève tirée de moi-même... Beauté céleste, je me serais prosterné devant toi ; puis, te prenant dans mes bras, j'aurais prié l'Éternel de te donner le reste de ma vie.

» Hélas ! j'étais seul, seul sur la terre ! Une langueur secrète s'emparait de mon corps. Ce dégoût de la vie que j'avais ressenti dès mon enfance, revenait avec une force nouvelle. Bientôt mon cœur ne fournit plus d'aliment à ma pensée, et je ne m'apercevais de mon existence que par un profond sentiment d'ennui.

» Je luttai quelque temps contre mon mal, mais avec indifférence et sans avoir la ferme résolution de le vaincre. Enfin, ne pouvant trouver de remède à cette étrange blessure de mon cœur, qui n'était nulle part et qui était partout, je résolus de quitter la vie.

» Prêtre du Très-Haut, qui m'entendez, pardonnez à un malheureux que le ciel avait presque privé de la raison. J'étais plein de religion, et je raisonnais en impie ; mon cœur aimait Dieu, et mon esprit le méconnaissait ; ma conduite, mes discours, mes sentiments, mes pensées, n'étaient que contradiction, ténèbres, mensonges. Mais l'homme sait-il bien toujours ce qu'il veut, est-il toujours sûr de ce qu'il pense ?

» Tout m'échappait à la fois, l'amitié, le monde, la retraite. J'avais essayé de tout, et tout m'avait été fatal. Repoussé par la société, abandonné d'Amélie, quand la solitude vint à me manquer, que me restait-il ? C'était la dernière planche sur laquelle j'avais espéré me sauver, et je la sentais encore s'enfoncer dans l'abîme !

» Décidé que j'étais à me débarrasser du poids de la vie, je résolus de mettre toute ma raison dans cet acte insensé. Rien ne me pressait : je ne fixai point le moment du départ, afin de savourer à longs traits les derniers moments de l'existence, et de recueillir toutes mes forces, à l'exemple d'un ancien, pour sentir mon âme s'échapper.

» Cependant je crus nécessaire de prendre des arrangements concernant ma fortune, et je fus obligé d'écrire à Amélie. Il m'échappa quelques plaintes sur son oubli, et je laissai sans doute percer l'attendrissement qui surmontait peu à peu mon cœur. Je m'imaginais pourtant avoir bien dissimulé mon secret ; mais ma sœur accoutumée à lire dans les replis de mon âme, le devina sans peine. Elle fut alarmée du ton de contrainte qui régnait dans ma lettre, et de mes questions sur des affaires dont je ne m'étais jamais occupé. Au lieu de me répondre, elle me vint tout à coup surprendre.

» Pour bien sentir quelle dut être dans la suite l'amertume de ma douleur, et quels furent mes premiers transports en revoyant Amélie, il faut vous figurer que c'était la seule personne au monde que j'eusse aimée, que tous mes sentiments se venaient confondre en elle, avec la douceur des souvenirs de mon enfance. Je reçus donc Amélie dans une sorte d'extase de cœur. Il y avait si longtemps que je n'avais trouvé quelqu'un qui m'entendît, et devant qui je pusse ouvrir mon âme !

» Amélie se jetant dans mes bras, me dit : « Ingrat, tu veux mourir, et ta sœur existe ! Tu soupçonnes son cœur ! Ne t'explique point, ne t'excuse point, je sais tout ; j'ai tout compris, comme si j'avais été avec toi. Est-ce moi que l'on trompe, moi, qui ai vu naître tes premiers sentiments ? Voilà ton malheureux caractère, tes dégoûts, tes injustices. Jure, tandis que je te presse sur mon cœur, jure que c'est la dernière fois que tu te livreras à tes folies ; fais le serment de ne jamais attenter à tes jours. »

» En prononçant ces mots, Amélie me regardait avec compassion et tendresse, et couvrait mon front de ses baisers ; c'était presque une mère, c'était quelque chose de plus tendre. Hélas ! mon cœur se rouvrit à toutes les joies ; comme un enfant, je ne demandais qu'à être consolé ; je cédai à l'empire d'Amélie : elle exigea un serment solennel ; je le fis sans hésiter, ne soupçonnant même pas que désormais je pusse être malheureux.

.../...

Pierre Jean de BÉRANGER
(1780-1857)

NABUCHODONOSOR

Puiser dans la Bible est de mode :
Prenons-y le sujet d'une ode.
Je chante un roi devenu bœuf,
Aux anciens, le trait parut neuf. *(bis)*
Surtout, la cour en fut aux anges,
Et les brocanteurs de louanges
Répétaient sur les harpes d'or :
Gloire à Nabuchodonosor !

Le Roi beugle, eh ! vivent les cornes !
Sire, quittez ces regards mornes,
Lui disaient les amis du lieu ;
En Égypte, vous seriez dieu. *(bis)*
Pour fouler aux pieds le vulgaire,
Homme ou bœuf, il n'importe guère,
Répétons sur nos harpes d'or :
Gloire à Nabuchodonosor !

Ce Roi se fit à son étable,
À sa manière, il tenait table,
Et crut régner en buvant frais.
Les sots lui prêtaient d'heureux traits. *(bis)*
On lit, dans une dédicace,
Qu'en latin, il citait Horace.
Répétons sur nos harpes d'or :
Gloire à Nabuchodonosor !

Un journal – écrit par des cuistres –
Annonce qu'avec ses ministres,
Tel jour, le prince a travaillé

Sans dormir, quoiqu'il ait bâillé. *(bis)*
La cour s'écrie : « Ô temps prospère !
Ce n'est point un roi, c'est un père. »
Répétons sur nos harpes d'or :
Gloire à Nabuchodonosor !

Il hume tout l'encens des mages,
Mais paie un peu cher leurs hommages :
Prêtres et grands veulent d'un coup
Rendre au peuple bât et licou. *(bis)*
Même, si l'histoire en est crue,
Le Roi s'attelle à leur charrue,
Répétons sur nos harpes d'or :
Gloire à Nabuchodonosor !

Le peuple, indigné, prend un maître
D'autre espèce, pire, peut-être.
Vite, les courtisans ingrats,
Du Roi déchu font un bœuf gras. *(bis)*
Et sans remords, le clergé même,
S'en régale tout le carême.
Répétons sur nos harpes d'or :
Gloire à Nabuchodonosor !

Bardes, que la cassette inspire,
Tragiques, à mourir de rire,
Traitez mon sujet : il plaira,
La censure le permettra. *(bis)*
Oui, parfumeurs de la couronne,
La Bible à quelque chose est bonne.
Répétons sur nos harpes d'or :
Gloire à Nabuchodonosor !

LES SOUVENIRS DU PEUPLE

Air : *Passez votre chemin, beau sire.*

On parlera de sa gloire
Sous le chaume bien longtemps.
L'humble toit, dans cinquante ans,
Ne connaîtra plus d'autre histoire.
Là viendront les villageois
Dire alors à quelque vieille :
Par des récits d'autrefois,
Mère, abrégez notre veille.
Bien, dit-on, qu'il nous ait nui,
Le peuple encor le révère,
    Oui, le révère.
Parlez-nous de lui, grand-mère ;
    Parlez-nous de lui. *(bis)*

Mes enfants, dans ce village,
Suivi de rois, il passa.
Voilà bien longtemps de ça ;
Je venais d'entrer en ménage.
À pied grimpant le coteau
Où pour voir je m'étais mise,
Il avait petit chapeau
Avec redingote grise.
Près de lui je me troublai,
Il me dit : Bonjour, ma chère,
    Bonjour, ma chère.
– Il vous a parlé, grand-mère !
    Il vous a parlé !

L'an d'après, moi, pauvre femme,
À Paris étant un jour,
Je le vis avec sa cour :
Il se rendait à Notre-Dame.

Tous les cœurs étaient contents ;
On admirait son cortège.
Chacun disait : Quel beau temps !
Le ciel toujours le protège.
Son sourire était bien doux ;
D'un fils Dieu le rendait père,
　　Le rendait père.
– Quel beau jour pour vous, grand-mère !
　　Quel beau jour pour vous !

Mais, quand la pauvre Champagne
Fut en proie aux étrangers,
Lui, bravant tous les dangers,
Semblait seul tenir la campagne.
Un soir, tout comme aujourd'hui,
J'entends frapper à la porte ;
J'ouvre, bon Dieu ! c'était lui
Suivi d'une faible escorte.
Il s'assoit où me voilà,
S'écriant : Oh ! quelle guerre !
　　Oh ! quelle guerre !
– Il s'est assis là, grand-mère !
　　Il s'est assis là !

J'ai faim, dit-il ; et bien vite
Je sers piquette et pain bis :
Puis il sèche ses habits,
Même à dormir le feu l'invite.
Au réveil, voyant mes pleurs,
Il me dit : Bonne espérance !
Je cours de tous ses malheurs
Sous Paris venger la France.
Il part ; et comme un trésor
J'ai depuis gardé son verre,
　　Gardé son verre.
– Vous l'avez encor, grand-mère !
　　Vous l'avez encor !

Le voici. Mais à sa perte
Le héros fut entraîné.
Lui, qu'un pape a couronné,
Est mort dans une île déserte.
Longtemps aucun ne l'a cru ;

On disait : Il va paraître.
Par mer il est accouru ;
L'étranger va voir son maître.
Quand d'erreur on nous tira,
Ma douleur fut bien amère !
    Fut bien amère !
– Dieu vous bénira, grand-mère ;
  Dieu vous bénira. *(bis)*

(Chansons)

Charles Hubert MILLEVOYE
(1782-1816)

LA PROMESSE

Il est donc vrai ! tu veux qu'en mon lointain voyage
Sous le ciel d'Orient j'emporte ton image ;
Et d'un espoir douteux abusant mon amour,
Ta bouche me promet les baisers du retour.
Du retour !... Tu l'as vu, cet éclatant navire !
Et sa poupe et ses mâts de fleurs étaient ornés ;
En ses pavillons d'or il tenait enchaînés
    Et la fortune et le zéphyre.
Avant peu, disait-on, il reverra le port.
Eh bien ! les jours ont fui. L'inquiète espérance
À l'horizon des mers cherche en vain sa présence,
Il ne reviendra plus. Si tel était mon sort !
Hélas ! du voyageur la vie est incertaine !
S'il échappe aux brigands de la forêt lointaine,
Le désert l'engloutit dans les sables profonds,
Ou sur d'âpres chemins les coursiers vagabonds
Dispersent de son char la roue étincelante,
    Et brisent sa tête sanglante
    Au penchant rapide des monts.
Et je pars ! Ah ! détourne un funeste présage,
Et pour moi désormais les cieux s'embelliront ;
    Et dans mon fortuné voyage
    Je verrai, pure et sans nuage,
L'étoile du bonheur rayonner sur mon front.

(Élégies)

41

Marceline DESBORDES-VALMORE
(1786-1859)

SON IMAGE

Elle avait fui de mon âme offensée ;
Bien loin de moi je crus l'avoir chassée :
Toute tremblante, un jour, elle arriva,
Sa douce image, et dans mon cœur rentra :
Point n'eus le temps de me mettre en colère ;
Point ne savais ce qu'elle voulait faire ;
Un peu trop tard mon cœur le devina.

Sans prévenir, elle dit : « Me voilà !
Ce cœur m'attend. Par l'Amour, que j'implore,
Comme autrefois j'y viens régner encore. »
Au nom d'amour ma raison se troubla :
Je voulus fuir, et tout mon corps trembla.
Je bégayai des plaintes au perfide ;
Pour me toucher il prit un air timide ;
Puis à mes pieds en pleurant, il tomba.
J'oubliai tout dès que l'Amour pleura.

(Poésies)

ÉLÉGIE

Peut-être un jour sa voix tendre et voilée
M'appellera sous de jeunes cyprès :
Cachée alors au fond de la vallée,
Plus heureuse que lui, j'entendrai ses regrets.
Lentement, des coteaux je le verrai descendre ;
Quand il croira ses pas et ses vœux superflus,
Il pleurera ! ses pleurs rafraîchiront ma cendre ;
Enchaînée à ses pieds, je ne le fuirai plus.
Je ne le fuirai plus ! je l'entendrai ; mon âme,
Brûlante autour de lui, voudra sécher ses pleurs ;
Et ce timide accent, qui trahissait ma flamme,
Il le reconnaîtra dans le doux bruit des fleurs.
Oh ! qu'il trouve un rosier mourant et solitaire !
Qu'il y cherche mon souffle et l'attire en son sein !
Qu'il dise : « C'est pour moi qu'il a quitté la terre ;
Ses parfums sont à moi, ce n'est plus un larcin. »
Qu'il dise : « Un jour à peine il a bordé la rive ;
Son vert tendre égayait le limpide miroir ;
Et ses feuilles déjà, dans l'onde fugitive,
Tombent. Faible rosier, tu n'as pas vu le soir ! »
Alors, peut-être, alors l'hirondelle endormie,
À la voix d'un amant qui pleure son amie,
S'échappera du sein des parfums précieux,
Emportant sa prière et ses larmes aux cieux.
Alors, rêvant aux biens que ce monde nous donne,
Il laissera tomber sur le froid monument
Les rameaux affligés dont la gloire environne
               Son front triste et charmant.
Alors je resterai seule, mais consolée,
Les vents respecteront l'empreinte de ses pas.
Déjà je voudrais être au fond de la vallée ;
Déjà je l'attendrais... Dieu ! s'il n'y venait pas !

(Poésies)

QU'EN AVEZ-VOUS FAIT ?

Vous aviez mon cœur,
Moi, j'avais le vôtre :
Un cœur pour un cœur ;
Bonheur pour bonheur !

Le vôtre est rendu ;
Je n'en ai plus d'autre,
Le vôtre est rendu
Le mien est perdu.

La feuille et la fleur
Et le fruit lui-même,
La feuille et la fleur,
L'encens, la couleur :

Qu'en avez-vous fait,
Mon maître suprême ?
Qu'en avez-vous fait,
De ce doux bienfait ?

Comme un pauvre enfant,
Quitté par sa mère,
Comme un pauvre enfant,
Que rien ne défend :

Vous me laissez là,
Dans ma vie amère ;
Vous me laissez là,
Et Dieu voit cela !

Savez-vous qu'un jour,
L'homme est seul au monde ?
Savez-vous qu'un jour,
Il revoit l'amour ?

Vous appellerez,
Sans qu'on vous réponde,
Vous appellerez ;
Et vous songerez !...

Vous viendrez rêvant
Sonner à ma porte ;
Ami comme avant,
Vous viendrez rêvant.

Et l'on vous dira :
« Personne... elle est morte. »
On vous le dira :
Mais, qui vous plaindra ?

(Pauvres Fleurs)

DANS LA RUE

par un jour funèbre de Lyon

LA FEMME

Nous n'avons plus d'argent pour enterrer nos morts.
Le prêtre est là, marquant le prix des funérailles ;
Et les corps étendus, troués par les mitrailles,
Attendent un linceul, une croix, un remords.

Le meurtre se fait roi. Le vainqueur siffle et passe.
Où va-t-il ? Au Trésor, toucher le prix du sang.
Il en a bien versé... mais sa main n'est pas lasse ;
Elle a, sans le combattre, égorgé le passant.

Dieu l'a vu. Dieu cueillait comme des fleurs froissées
Les femmes, les enfants qui s'envolaient aux cieux.
Les hommes... les voilà dans le sang jusqu'aux yeux.
L'air n'a pu balayer tant d'âmes courroucées.

Elles ne veulent pas quitter leurs membres morts.
Le prêtre est là, marquant le prix des funérailles ;
Et les corps étendus, troués par les mitrailles,
Attendent un linceul, une croix, un remords.

Les vivants n'osent plus se hasarder à vivre.
Sentinelle soldée, au milieu du chemin,
La mort est un soldat qui vise et qui délivre
Le témoin révolté qui parlerait demain...

DES FEMMES

Prenons nos rubans noirs, pleurons toutes nos larmes ;
On nous a défendu d'emporter nos meurtris.
Ils n'ont fait qu'un monceau de leurs pâles débris :
Dieu ! bénissez-les tous ; ils étaient tous sans armes !

(Pauvres Fleurs)

46

LES ROSES DE SAADI

J'ai voulu ce matin te rapporter des roses ;
Mais j'en avais tant pris dans mes ceintures closes
Que les nœuds trop serrés n'ont pu les contenir.

Les nœuds ont éclaté. Les roses envolées
Dans le vent, à la mer s'en sont toutes allées.
Elles ont suivi l'eau pour ne plus revenir.

La vague en a paru rouge et comme enflammée.
Ce soir, ma robe encore en est toute embaumée...
Respires-en sur moi l'odorant souvenir.

(Poésies inédites)

LA JEUNE FILLE ET LE RAMIER

Les rumeurs du jardin disent qu'il va pleuvoir ;
Tout tressaille, averti de la prochaine ondée ;
Et toi qui ne lis plus, sur ton livre accoudée,
Plains-tu l'absent aimé qui ne pourra te voir ?

Là-bas, pliant son aile et mouillé sous l'ombrage,
Banni de l'horizon qu'il n'atteint que des yeux,
Appelant sa compagne et regardant les cieux,
Un ramier, comme toi, soupire de l'orage.

Laissez pleuvoir, ô cœurs solitaires et doux !
Sous l'orage qui passe il renaît tant de choses.
Le soleil sans la pluie ouvrirait-il les roses ?
Amants, vous attendez, de quoi vous plaignez-vous ?

(Poésies inédites)

L'ENTREVUE AU RUISSEAU

L'eau nous sépare, écoute bien :
Si tu fais un pas, tu n'as rien.

Voici ma plus belle ceinture,
Elle embaume encor de mes fleurs.
Prends les parfums et les couleurs,
Prends tout... Je m'en vais sans parure.

L'eau nous sépare, écoute bien :
Si tu fais un pas, tu n'as rien.

Sais-tu pourquoi je viens moi-même
Jeter mon ruban sur ton sein ?
C'est que tu parlais d'un larcin,
Et l'on veut donner quand on aime.

L'eau nous sépare, écoute bien :
Si tu fais un pas, tu n'as rien.

Adieu ! ta réponse est à craindre,
Je n'ai pas le temps d'écouter ;
Mais quand je n'ose m'arrêter,
N'est-ce donc que toi qu'il faut plaindre ?

Ce que j'ai dit, retiens-le bien :
Pour aujourd'hui, je n'ai plus rien !

(Poésies inédites)

Alphonse RABBE
(1786-1829)

.../...

Nous touchons à la fin de la course, ô mon âme ! tu vas partir chargée de la dépouille de nos pénibles observations ; mais une fois libre et sortie de ta terrestre demeure, garde-toi de revenir, pour reprendre tes liens et ta pris͏   ͏our jamais ces vieux vêtements de la vie, humides de nos larmes et de nos sueurs. – Si la loi du monde inconnu te prescrivait absolument de retourner, sois du moins toute autre chose plutôt qu'un homme... demande à promener dans les forêts la majesté réelle d'un lion indépendant. Règne aux solitudes : tu déchireras de tes ongles le fils du tyran qui viendra avec ses esclaves et ses limiers t'y troubler ! Ou bien, à la force et à la puissance préférant le bonheur, diligente abeille, cherche le suc de mille fleurs, et fais-toi de leur calice des lits de pourpre, d'or et d'azur, enrichis des cristaux de la rosée. – Tu chérissais les arts : cygne au port superbe, au chant mélodieux, cours légèrement le long des sinuosités d'un fleuve tranquille. – Mais au sein des forêts, au fond des eaux, dans l'espace des airs, souviens-toi que l'homme est le pire et le plus malheureux des êtres de la création ; fuis ses demeures, et plains-le de s'amuser au spectacle odieux qui nous a tant fatigués.

.../...

Qu'il vive à jamais banni dans de lointains climats, celui qui fuit lâchement sa patrie, aux jours de douleur, et qui lui refuse, contre l'étranger, le secours de ses conseils ou l'assistance de son bras. Lorsque la paix rétablit le doux règne des lares domestiques, qu'il lui soit défendu de rentrer dans ses foyers et de jouir de ses consolantes douceurs. S'engraisser de la ruine publique, c'est être indigne d'avoir une patrie ; refuser de partager le commun fardeau, c'est mériter d'être écrasé sous le poids de la haine générale, de tous les malheurs... Dites-moi comment il pourrait être noble, celui qui spécule sur l'asservissement et l'humiliation de son pays ?

.../...

(L'Album d'un pessimiste)

Alphonse de LAMARTINE
(1790-1869)

L'ISOLEMENT

Souvent sur la montagne, à l'ombre du vieux chêne,
Au coucher du soleil, tristement je m'assieds ;
Je promène au hasard mes regards sur la plaine,
Dont le tableau changeant se déroule à mes pieds.

Ici, gronde le fleuve aux vagues écumantes,
Il serpente, et s'enfonce en un lointain obscur ;
Là, le lac immobile étend ses eaux dormantes
Où l'étoile du soir se lève dans l'azur.

Au sommet de ces monts couronnés de bois sombres,
Le crépuscule encor jette un dernier rayon,
Et le char vaporeux de la reine des ombres
Monte, et blanchit déjà les bords de l'horizon.

Cependant, s'élançant de la flèche gothique,
Un son religieux se répand dans les airs.
Le voyageur s'arrête, et la cloche rustique
Aux derniers bruits du jour mêle de saints concerts.

Mais à ces doux tableaux mon âme indifférente
N'éprouve devant eux ni charme, ni transports,
Je contemple la terre, ainsi qu'une ombre errante :
Le soleil des vivants n'échauffe plus les morts.

De colline en colline en vain portant ma vue,
Du sud à l'aquilon, de l'aurore au couchant,
Je parcours tous les points de l'immense étendue,
Et je dis : Nulle part le bonheur ne m'attend.

Que me font ces vallons, ces palais, ces chaumières ?
Vains objets dont pour moi le charme est envolé ;
Fleuves, rochers, forêts, solitudes si chères,
Un seul être vous manque, et tout est dépeuplé.

Que le tour du soleil ou commence ou s'achève,
D'un œil indifférent je le suis dans son cours ;
En un ciel sombre ou pur qu'il se couche ou se lève,
Qu'importe le soleil ? je n'attends rien des jours.

Quand je pourrais le suivre en sa vaste carrière,
Mes yeux verraient partout le vide et les déserts ;
Je ne désire rien de tout ce qu'il éclaire,
Je ne demande rien à l'immense univers.

Mais peut-être au-delà des bornes de sa sphère,
Lieux où le vrai soleil éclaire d'autres cieux,
Si je pouvais laisser ma dépouille à la terre,
Ce que j'ai tant rêvé paraîtrait à mes yeux ?

Là, je m'enivrerais à la source où j'aspire,
Là, je retrouverais et l'espoir et l'amour,
Et ce bien idéal que toute âme désire,
Et qui n'a pas de nom au terrestre séjour !

Que ne puis-je, porté sur le char de l'aurore,
Vague objet de mes vœux, m'élancer jusqu'à toi,
Sur la terre d'exil pourquoi resté-je encore ?
Il n'est rien de commun entre la terre et moi.

Quand la feuille des bois tombe dans la prairie,
Le vent du soir s'élève et l'arrache aux vallons ;
Et moi, je suis semblable à la feuille flétrie :
Emportez-moi comme elle, orageux aquilons !

(Méditations poétiques)

LE LAC

Ainsi, toujours poussés vers de nouveaux rivages,
Dans la nuit éternelle emportés sans retour,
Ne pourrons-nous jamais sur l'océan des âges
   Jeter l'ancre un seul jour ?

Ô lac ! l'année à peine a fini sa carrière,
Et près des flots chéris qu'elle devait revoir,
Regarde ! je viens seul m'asseoir sur cette pierre
   Où tu la vis s'asseoir !

Tu mugissais ainsi sous ces roches profondes,
Ainsi tu te brisais sur leurs flancs déchirés,
Ainsi le vent jetait l'écume de tes ondes
   Sur ses pieds adorés.

Un soir, t'en souvient-il ? nous voguions en silence ;
On n'entendait au loin, sur l'onde et sous les cieux,
Que le bruit des rameurs qui frappaient en cadence
   Tes flots harmonieux.

Tout à coup des accents inconnus à la terre
Du rivage charmé frappèrent les échos :
Le flot fut attentif, et la voix qui m'est chère
   Laissa tomber ces mots :

« Ô temps ! suspends ton vol, et vous, heures propices !
   Suspendez votre cours :
Laissez-nous savourer les rapides délices
   Des plus beaux de nos jours !

« Assez de malheureux ici-bas vous implorent,
   Coulez, coulez pour eux ;
Prenez avec leurs jours les soins qui les dévorent,
   Oubliez les heureux.

« Mais je demande en vain quelques moments encore,
　　　　Le temps m'échappe et fuit ;
Je dis à cette nuit : Sois plus lente ; et l'aurore
　　　　Va dissiper la nuit.

« Aimons donc, aimons donc ! de l'heure fugitive,
　　　　Hâtons-nous, jouissons !
L'homme n'a point de port, le temps n'a point de rive ;
　　　　Il coule, et nous passons ! »

Temps jaloux, se peut-il que ces moments d'ivresse,
Où l'amour à longs flots nous verse le bonheur,
S'envolent loin de nous de la même vitesse
　　　　Que les jours de malheur ?

Eh quoi ! n'en pourrons-nous fixer au moins la trace ?
Quoi ! passés pour jamais ! quoi ! tout entiers perdus !
Ce temps qui les donna, ce temps qui les efface,
　　　　Ne nous les rendra plus !

Éternité, néant, passé, sombres abîmes,
Que faites-vous des jours que vous engloutissez ?
Parlez : nous rendrez-vous ces extases sublimes
　　　　Que vous nous ravissez ?

Ô lac ! rochers muets ! grottes ! forêt obscure !
Vous, que le temps épargne ou qu'il peut rajeunir,
Gardez de cette nuit, gardez, belle nature,
　　　　Au moins le souvenir !

Qu'il soit dans ton repos, qu'il soit dans tes orages,
Beau lac, et dans l'aspect de tes riants coteaux,
Et dans ces noirs sapins, et dans ces rocs sauvages
　　　　Qui pendent sur tes eaux.

Qu'il soit dans le zéphyr qui frémit et qui passe,
Dans les bruits de tes bords par tes bords répétés,
Dans l'astre au front d'argent qui blanchit ta surface
　　　　De ses molles clartés.

Que le vent qui gémit, le roseau qui soupire,
Que les parfums légers de ton air embaumé,
Que tout ce qu'on entend, l'on voit ou l'on respire,
　　　　Tout dise : Ils ont aimé !

(Méditations poétiques)

À EL***

Lorsque seul avec toi, pensive et recueillie,
Tes deux mains dans la mienne, assis à tes côtés,
J'abandonne mon âme aux molles voluptés
Et je laisse couler les heures que j'oublie ;
Lorsqu'au fond des forêts je t'entraîne avec moi,
Lorsque tes doux soupirs charment seuls mon oreille,
Ou que, te répétant les serments de la veille,
Je te jure à mon tour de n'adorer que toi ;
Lorsqu'enfin, plus heureux, ton front charmant repose
Sur mon genou tremblant qui lui sert de soutien,
Et que mes doux regards sont suspendus au tien
Comme l'abeille avide aux feuilles de la rose ;
Souvent alors, souvent, dans le fond de mon cœur
Pénètre comme un trait une vague terreur ;
Tu me vois tressaillir ; je pâlis, je frissonne,
Et troublé tout à coup dans le sein du bonheur,
Je sens couler des pleurs dont mon âme s'étonne.
Tu me presses soudain dans tes bras caressants,
      Tu m'interroges, tu t'alarmes,
Et je vois de tes yeux s'échapper quelques larmes
Qui viennent se mêler aux pleurs que je répands.
« De quel ennui secret ton âme est-elle atteinte ?
Me dis-tu : cher amour, épanche ta douleur ;
J'adoucirai ta peine en écoutant ta plainte,
Et mon cœur versera le baume dans ton cœur. »
Ne m'interroge plus, ô moitié de moi-même !
Enlacé dans tes bras, quand tu me dis : Je t'aime ;
Quand mes yeux enivrés se soulèvent vers toi,
Nul mortel sous les cieux n'est plus heureux que moi !
Mais jusque dans le sein des heures fortunées
Je ne sais quelle voix que j'entends retentir
      Me poursuit, et vient m'avertir
Que le bonheur s'enfuit sur l'aile des années,
Et que de nos amours le flambeau doit mourir !

D'un vol épouvanté, dans le sombre avenir
    Mon âme avec effroi se plonge,
    Et je me dis : Ce n'est qu'un songe
    Que le bonheur qui doit finir.

(Nouvelles Méditations poétiques)

Alfred de VIGNY
(1797-1863)

LA MAISON DU BERGER

LETTRE À ÉVA

I

Si ton cœur, gémissant du poids de notre vie,
Se traîne et se débat comme un aigle blessé,
Portant comme le mien, sur son aile asservie,
Tout un monde fatal, écrasant et glacé ;
S'il ne bat qu'en saignant par sa plaie immortelle,
S'il ne voit plus l'amour, son étoile fidèle,
Éclairer pour lui seul l'horizon effacé ;

Si ton âme enchaînée, ainsi que l'est mon âme,
Lasse de son boulet et de son pain amer,
Sur sa galère en deuil laisse tomber la rame,
Penche sa tête pâle et pleure sur la mer,
Et, cherchant dans les flots une route inconnue,
Y voit, en frissonnant, sur son épaule nue
La lettre sociale écrite avec le fer ;

Si ton corps, frémissant des passions secrètes,
S'indigne des regards, timide et palpitant ;
S'il cherche à sa beauté de profondes retraites
Pour la mieux dérober au profane insultant ;
Si ta lèvre se sèche au poison des mensonges,
Si ton beau front rougit de passer dans les songes
D'un impur inconnu qui te voit et t'entend,

Pars courageusement, laisse toutes les villes ;
Ne ternis plus tes pieds aux poudres du chemin :
Du haut de nos pensers vois les cités serviles
comme les rocs fatals de l'esclavage humain.

Les grands bois et les champs sont de vastes asiles,
Libres comme la mer autour des sombres îles.
Marche à travers les champs une fleur à la main.

La Nature t'attend dans un silence austère ;
L'herbe élève à tes pieds son nuage des soirs,
Et le soupir d'adieu du soleil à la terre
Balance les beaux lys comme des encensoirs.
La forêt a voilé ses colonnes profondes,
La montagne se cache, et sur les pâles ondes
Le saule a suspendu ses chastes reposoirs.

Le crépuscule ami s'endort dans la vallée,
Sur l'herbe d'émeraude et sur l'or du gazon,
Sous les timides joncs de la source isolée
Et sous le bois rêveur qui tremble à l'horizon,
Se balance en fuyant dans les grappes sauvages,
Jette son manteau gris sur le bord des rivages,
Et des fleurs de la nuit entr'ouvre la prison.

Il est sur ma montagne une épaisse bruyère
Où les pas du chasseur ont peine à se plonger,
Qui plus haut que nos fronts lève sa tête altière,
Et garde dans la nuit le pâtre et l'étranger.
Viens y cacher l'amour et ta divine faute ;
Si l'herbe est agitée ou n'est pas assez haute,
J'y roulerai pour toi la Maison du berger.

Elle va doucement avec ses quatre roues,
Son toit n'est pas plus haut que ton front et tes yeux ;
La couleur du corail et celle de tes joues
Teignent le char nocturne et ses muets essieux.
Le seuil est parfumé, l'alcôve est large et sombre,
Et là, parmi les fleurs, nous trouverons dans l'ombre,
Pour nos cheveux unis, un lit silencieux.

Je verrai, si tu veux, les pays de la neige,
Ceux où l'astre amoureux dévore et resplendit,
Ceux que heurtent les vents, ceux que la mer assiège,
Ceux où le pôle obscur sous sa glace est maudit.
Nous suivrons du hasard la course vagabonde.
Que m'importe le jour ? que m'importe le monde ?
Je dirai qu'ils sont beaux quand tes yeux l'auront dit.

Que Dieu guide à son but la vapeur foudroyante
Sur le fer des chemins qui traversent les monts,
Qu'un Ange soit debout sur sa forge bruyante,
Quand elle va sous terre ou fait trembler les ponts
Et, de ses dents de feu, dévorant ses chaudières,
Transperce les cités et saute les rivières,
Plus vite que le cerf dans l'ardeur de ses bonds !

Oui, si l'Ange aux yeux bleus ne veille sur sa route,
Et le glaive à la main ne plane et la défend,
S'il n'a compté les coups du levier, s'il n'écoute
Chaque tour de la roue en son cours triomphant,
S'il n'a l'œil sur les eaux et la main sur la braise :
Pour jeter en éclats la magique fournaise,
Il suffira toujours du caillou d'un enfant.

Sur ce taureau de fer qui fume, souffle et beugle,
L'homme a monté trop tôt. Nul ne connaît encor
Quels orages en lui porte ce rude aveugle,
Et le gai voyageur lui livre son trésor ;
Son vieux père et ses fils, il les jette en otage
Dans le ventre brûlant du taureau de Carthage,
Qui les rejette en cendre aux pieds du Dieu de l'or.

Mais il faut triompher du temps et de l'espace,
Arriver ou mourir. Les marchands sont jaloux.
L'or pleut sous les charbons de la vapeur qui passe,
Le moment et le but sont l'univers pour nous.
Tous se sont dit : « Allons ! » Mais aucun n'est le maître
Du dragon mugissant qu'un savant a fait naître ;
Nous nous sommes joués à plus fort que nous tous.

Eh bien ! que tout circule et que les grandes causes
Sur des ailes de feu lancent les actions,
Pourvu qu'ouverts toujours aux généreuses choses,
Les chemins du vendeur servent les passions.
Béni soit le Commerce au hardi caducée,
Si l'Amour que tourmente une sombre pensée
Peut franchir en un jour deux grandes nations.

Mais, à moins qu'un ami menacé dans sa vie
Ne jette, en appelant, le cri du désespoir,
Ou qu'avec son clairon la France nous convie

Aux fêtes du combat, aux luttes du savoir ;
À moins qu'au lit de mort une mère éplorée
Ne veuille encor poser sur sa race adorée
Ces yeux tristes et doux qu'on ne doit plus revoir,

Évitons ces chemins. – Leur voyage est sans grâces,
Puisqu'il est aussi prompt, sur ses lignes de fer,
Que la flèche lancée à travers les espaces
Qui va de l'arc au but en faisant siffler l'air.
Ainsi jetée au loin, l'humaine créature
Ne respire et ne voit, dans toute la nature,
Qu'un brouillard étouffant que traverse un éclair.

On n'entendra jamais piaffer sur une route
Le pied vif du cheval sur les pavés en feu ;
Adieu, voyages lents, bruits lointains qu'on écoute,
Le rire du passant, les retards de l'essieu,
Les détours imprévus des pentes variées,
Un ami rencontré, les heures oubliées,
L'espoir d'arriver tard dans un sauvage lieu.

La distance et le temps sont vaincus. La science
Trace autour de la terre un chemin triste et droit.
Le Monde est rétréci par notre expérience
Et l'équateur n'est plus qu'un anneau trop étroit.
Plus de hasard. Chacun glissera sur sa ligne,
Immobile au seul rang que le départ assigne,
Plongé dans un calcul silencieux et froid.

Jamais la Rêverie amoureuse et paisible
N'y verra sans horreur son pied blanc attaché ;
Car il faut que ses yeux sur chaque objet visible
Versent un long regard, comme un fleuve épanché ;
Qu'elle interroge tout avec inquiétude,
Et, des secrets divins se faisant une étude,
Marche, s'arrête et marche avec le col penché.

II

Poésie ! ô trésor ! perle de la pensée !
Les tumultes du cœur, comme ceux de la mer,
Ne sauraient empêcher ta robe nuancée

D'amasser les couleurs qui doivent te former.
Mais sitôt qu'il te voit briller sur un front mâle,
Troublé de ta lueur mystérieuse et pâle,
Le vulgaire effrayé commence à blasphémer.

Le pur enthousiasme est craint des faibles âmes
Qui ne sauraient porter son ardeur ni son poids.
Pourquoi le fuir ? – La vie est double dans les flammes.
D'autres flambeaux divins nous brûlent quelquefois :
C'est le Soleil du ciel, c'est l'Amour, c'est la Vie ;
Mais qui de les éteindre a jamais eu l'envie ?
Tout en les maudissant, on les chérit tous trois.

La Muse a mérité les insolents sourires
Et les soupçons moqueurs qu'éveille son aspect.
Dès que son œil chercha le regard des Satyres,
Sa parole trembla, son serment fut suspect,
Il lui fut interdit d'enseigner la Sagesse.
Au passant du chemin elle criait : Largesse !
Le passant lui donna sans crainte et sans respect.

Ah ! Fille sans pudeur ! Fille du Saint Orphée,
Que n'as-tu conservé ta belle gravité !
Tu n'irais pas ainsi, d'une voix étouffée,
Chanter aux carrefours impurs de la cité,
Tu n'aurais pas collé sur le coin de ta bouche
Le coquet madrigal, piquant comme une mouche,
Et, près de ton œil bleu, l'équivoque effronté.

Tu tombas dès l'enfance, et, dans la folle Grèce,
Un vieillard, t'enivrant de son baiser jaloux,
Releva le premier ta robe de prêtresse,
Et, parmi les garçons, t'assit sur ses genoux.
De ce baiser mordant ton front porte la trace ;
Tu chantas en buvant dans les banquets d'Horace,
Et Voltaire à la cour te traîna devant nous.

Vestale aux feux éteints ! les hommes les plus graves
Ne posent qu'à demi ta couronne à leur front ;
Ils se croient arrêtés, marchant dans tes entraves,
Et n'être que poète est pour eux un affront.
Ils jettent leurs pensers aux vents de la tribune,

Et ces vents, aveuglés comme l'est la Fortune,
Les rouleront comme elle et les emporteront.

Ils sont fiers et hautains dans leur fausse attitude ;
Mais le sol tremble aux pieds de ces tribuns romains.
Leurs discours passagers flattent avec étude
La foule qui les presse et qui leur bat des mains ;
Toujours renouvelé sous ses étroits portiques,
Ce parterre ne jette aux acteurs politiques
Que des fleurs sans parfums, souvent sans lendemains.

Ils ont pour horizon leur salle de spectacle ;
La chambre où ces élus donnent leurs faux combats
Jette en vain, dans son temple, un incertain oracle,
Le peuple entend de loin le bruit de leurs débats ;
Mais il regarde encor le jeu des assemblées
De l'œil dont ses enfants et ses femmes troublées
Voient le terrible essai des vapeurs aux cent bras.

L'ombrageux paysan gronde à voir qu'on dételle,
Et que pour le scrutin on quitte le labour.
Cependant le dédain de la chose immortelle
Tient jusqu'au fond du cœur quelque avocat d'un jour.
Lui qui doute de l'âme, il croit à ses paroles.
Poésie, il se rit de tes graves symboles,
Ô toi des vrais penseurs impérissable amour !

Comment se garderaient les profondes pensées
Sans rassembler leurs feux dans ton diamant pur
Qui conserve si bien leurs splendeurs condensées ?
Ce fin miroir solide, étincelant et dur ;
Reste des nations mortes, durable pierre ;
Qu'on trouve sous ses pieds lorsque dans la poussière
On cherche les cités sans en voir un seul mur.

Diamant sans rival, que tes feux illuminent
Les pas lents et tardifs de l'humaine raison !
Il faut, pour voir de loin les Peuples qui cheminent,
Que le Berger t'enchâsse au toit de sa maison.
Le jour n'est pas levé. – Nous en sommes encore
Au premier rayon blanc qui précède l'aurore
Et dessine la terre aux bords de l'horizon.

Les peuples tout enfants à peine se découvrent
Par-dessus les buissons nés pendant leur sommeil,
Et leur main, à travers les ronces qu'ils entr'ouvrent,
Met aux coups mutuels le premier appareil.
La barbarie encor tient nos pieds dans sa gaîne.
Le marbre des vieux temps jusqu'aux reins nous enchaîne,
Et tout homme énergique au dieu Terme est pareil.

Mais notre esprit rapide en mouvements abonde,
Ouvrons tout l'arsenal de ses puissants ressorts.
L'invisible est réel. Les âmes ont leur monde
Où sont accumulés d'impalpables trésors.
Le Seigneur contient tout dans ses deux bras immenses,
Son Verbe est le séjour de nos intelligences,
Comme ici-bas l'espace est celui de nos corps.

III

Éva, qui donc es-tu ? Sais-tu bien ta nature ?
Sais-tu quel est ici ton but et ton devoir ?
Sais-tu que, pour punir l'Homme, sa créature,
D'avoir porté la main sur l'arbre du savoir,
Dieu permit qu'avant tout, de l'amour de soi-même
En tout temps, à tout âge, il fît son bien suprême,
Tourmenté de s'aimer, tourmenté de se voir ?

Mais si Dieu près de lui t'a voulu mettre, ô femme !
Compagne délicate ! Éva ! sais-tu pourquoi ?
C'est pour qu'il se regarde au miroir d'une autre âme,
Qu'il entende ce chant qui ne vient que de toi :
– L'enthousiasme pur dans une voix suave. –
C'est afin que tu sois son juge et son esclave
Et règnes sur sa vie en vivant sous sa loi.

Ta parole joyeuse a des mots despotiques ;
Tes yeux sont si puissants, ton aspect est si fort,
Que les rois d'Orient ont dit dans leurs cantiques
Ton regard redoutable à l'égal de la mort ;
Chacun cherche à fléchir tes jugements rapides...
– Mais ton cœur, qui dément tes formes intrépides,
Cède sans coup férir aux rudesses du sort.

Ta Pensée a des bonds comme ceux des gazelles,
Mais ne saurait marcher sans guide et sans appui.
Le sol meurtrit ses pieds, l'air fatigue ses ailes,
Son œil se ferme au jour dès que le jour a lui ;
Parfois sur les hauts lieux d'un seul élan posée,
Troublée au bruit des vents, ta mobile pensée
Ne peut seule y veiller sans crainte et sans ennui.

Mais aussi tu n'as rien de nos lâches prudences,
Ton cœur vibre et résonne au cri de l'opprimé,
Comme dans une église aux austères silences
L'orgue entend un soupir et soupire alarmé.
Tes paroles de feu meuvent les multitudes,
Tes pleurs lavent l'injure et les ingratitudes,
Tu pousses par le bras l'homme ; il se lève armé.

C'est à toi qu'il convient d'ouïr les grandes plaintes
Que l'humanité triste exhale sourdement.
Quand le cœur est gonflé d'indignations saintes,
L'air des cités l'étouffe à chaque battement.
Mais de loin les soupirs des tourmentes civiles,
S'unissant au-dessus du charbon noir des villes,
Ne forment qu'un grand mot qu'on entend clairement.

Viens donc, le ciel pour moi n'est plus qu'une auréole
Qui t'entoure d'azur, t'éclaire et te défend ;
La montagne est ton temple et le bois sa coupole ;
L'oiseau n'est sur la fleur balancé par le vent,
Et la fleur ne parfume et l'oiseau ne soupire
Que pour mieux enchanter l'air que ton sein respire ;
La terre est le tapis de tes beaux pieds d'enfant.

Éva, j'aimerai tout dans les choses créées,
Je les contemplerai dans ton regard rêveur
Qui partout répandra ses flammes colorées,
Son repos gracieux, sa magique saveur :
Sur mon cœur déchiré viens poser ta main pure,
Ne me laisse jamais seul avec la Nature ;
Car je la connais trop pour n'en pas avoir peur.

Elle me dit : « Je suis l'impassible théâtre
Que ne peut remuer le pied de ses acteurs ;
Mes marches d'émeraude et mes parvis d'albâtre,
Mes colonnes de marbre ont les dieux pour sculpteurs.
Je n'entends ni vos cris ni vos soupirs ; à peine
Je sens passer sur moi la comédie humaine
Qui cherche en vain au ciel ses muets spectateurs.

« Je roule avec dédain, sans voir et sans entendre,
À côté des fourmis les populations ;
Je ne distingue pas leur terrier de leur cendre,
J'ignore en les portant les noms des nations.
On me dit une mère et je suis une tombe.
Mon hiver prend vos morts comme son hécatombe,
Mon printemps ne sent pas vos adorations.

« Avant vous j'étais belle et toujours parfumée,
J'abandonnais au vent mes cheveux tout entiers,
Je suivais dans les cieux ma route accoutumée,
Sur l'axe harmonieux des divins balanciers.
Après vous, traversant l'espace où tout s'élance,
J'irai seule et sereine, en un chaste silence
Je fendrai l'air du front et de mes seins altiers. »

C'est là ce que me dit sa voix triste et superbe,
Et dans mon cœur alors je la hais, et je vois
Notre sang dans son onde et nos morts sous son herbe
Nourrissant de leurs sucs la racine des bois.
Et je dis à mes yeux qui lui trouvaient des charmes :
– Ailleurs tous vos regards, ailleurs toutes vos larmes,
Aimez ce que jamais on ne verra deux fois.

Oh ! qui verra deux fois ta grâce et ta tendresse,
Ange doux et plaintif qui parles en soupirant ?
Qui naîtra comme toi portant une caresse
Dans chaque éclair tombé de ton regard mourant,
Dans les balancements de ta tête penchée,
Dans ta taille indolente et mollement couchée,
Et dans ton pur sourire amoureux et souffrant ?

Vivez, froide Nature, et revivez sans cesse
Sous nos pieds, sur nos fronts, puisque c'est votre loi ;
Vivez, et dédaignez, si vous êtes déesse,

65

L'homme, humble passager, qui dut vous être un roi ;
Plus que tout votre règne et que ses splendeurs vaines,
J'aime la majesté des souffrances humaines,
Vous ne recevrez pas un cri d'amour de moi.

Mais toi, ne veux-tu pas, voyageuse indolente,
Rêver sur mon épaule, en y posant ton front ?
Viens du paisible seuil de la maison roulante
Voir ceux qui sont passés et ceux qui passeront.
Tous les tableaux humains qu'un Esprit pur m'apporte
S'animeront pour toi, quand, devant notre porte,
Les grands pays muets longuement s'étendront.

Nous marcherons ainsi, ne laissant que notre ombre
Sur cette terre ingrate où les morts ont passé ;
Nous nous parlerons d'eux à l'heure où tout est sombre,
Où tu te plais à suivre un chemin effacé,
À rêver, appuyée aux branches incertaines,
Pleurant, comme Diane au bord de ses fontaines,
Ton amour taciturne et toujours menacé.

(Les Destinées)

Victor HUGO
(1802-1885)

EXTASE

> Et j'entendis une grande voix.
> APOCALYPSE

J'étais seul près des flots, par une nuit d'étoiles.
Pas un nuage aux cieux, sur les mers pas de voiles.
Mes yeux plongeaient plus loin que le monde réel.
Et les bois, et les monts, et toute la nature,
Semblaient interroger dans un confus murmure
    Les flots des mers, les feux du ciel.

Et les étoiles d'or, légions infinies,
À voix haute, à voix basse, avec mille harmonies,
Disaient, en inclinant leurs couronnes de feu ;
Et les flots bleus, que rien ne gouverne et n'arrête,
Disaient, en recourbant l'écume de leur crête :
    – C'est le Seigneur, le Seigneur Dieu !

25 novembre 1828

(Les Orientales)

À UNE FEMME

C'est une âme charmante.
DIDEROT

Enfant ! si j'étais roi, je donnerais l'empire,
Et mon char, et mon sceptre, et mon peuple à genoux,
Et ma couronne d'or, et mes bains de porphyre,
Et mes flottes, à qui la mer ne peut suffire,
 Pour un regard de vous !

Si j'étais Dieu, la terre et l'air avec les ondes,
Les anges, les démons courbés devant ma loi,
Et le profond chaos aux entrailles fécondes,
L'éternité, l'espace, et les cieux, et les mondes,
 Pour un baiser de toi !

8 mai 1829

(Les Feuilles d'automne)

SUR LE BAL
DE L'HÔTEL DE VILLE

Ainsi l'hôtel de ville illumine son faîte.
Le prince et les flambeaux, tout y brille, et la fête
Ce soir va resplendir sur ce comble éclairé,
Comme l'idée au front du poète sacré.
Mais cette fête, amis, n'est pas une pensée.
Ce n'est pas d'un banquet que la France est pressée,
Et ce n'est pas un bal qu'il faut, en vérité,
À ce tas de douleurs qu'on nomme la cité !

Puissants ! nous ferions mieux de panser quelque plaie
Dont le sage rêveur à cette heure s'effraie,
D'étayer l'escalier qui d'en bas monte en haut,
D'agrandir l'atelier, d'amoindrir l'échafaud,
De songer aux enfants qui sont sans pain dans l'ombre,
De rendre un paradis au pauvre impie et sombre,
Que d'allumer un lustre et de tenir la nuit
Quelques fous éveillés autour d'un peu de bruit !

Ô reines de nos toits, femmes chastes et saintes,
Fleurs qui de nos maisons parfumez les enceintes,
Vous à qui le bonheur conseille la vertu,
Vous qui contre le mal n'avez pas combattu,
À qui jamais la faim, empoisonneuse infâme,
N'a dit : Vends-moi ton corps, – c'est-à-dire votre âme !
Vous dont le cœur de joie et d'innocence est plein,
Dont la pudeur a plus d'enveloppes de lin
Que n'en avait Isis, la déesse voilée,
Cette fête est pour vous comme une aube étoilée !
Vous riez d'y courir tandis qu'on souffre ailleurs !
C'est que votre belle âme ignore les douleurs ;
Le hasard vous posa dans la sphère suprême ;
Vous vivez, vous brillez, vous ne voyez pas même,
Tant vos yeux éblouis de rayons sont noyés,
Ce qu'au-dessous de vous dans l'ombre on foule aux pieds !

Oui, c'est ainsi. – Le prince, et le riche, et le monde
Cherche à vous réjouir, vous pour qui tout abonde.
Vous avez la beauté, vous avez l'ornement ;
La fête vous enivre à son bourdonnement,
Et, comme à la lumière un papillon de soie,
Vous volez à la porte ouverte qui flamboie !
Vous allez à ce bal, et vous ne songez pas
Que parmi ces passants amassés sur vos pas,
En foule émerveillés des chars et des livrées,
D'autres femmes sont là, non moins que vous parées,
Qu'on farde et qu'on expose à vendre au carrefour ;
Spectres où saigne encor la place de l'amour ;
Comme vous pour le bal, belles et demi-nues ;
Pour vous voir au passage, hélas ! exprès venues,
Voilant leur deuil affreux d'un sourire moqueur,
Les fleurs au front, la boue aux pieds, la haine au cœur !

Mai 1832

(Les Chants du crépuscule)

Oh ! n'insultez jamais une femme qui tombe !
Qui sait sous quel fardeau la pauvre âme succombe !
Qui sait combien de jours sa faim a combattu !
Quand le vent du malheur ébranlait leur vertu,
Qui de nous n'a pas vu de ces femmes brisées
S'y cramponner longtemps de leurs mains épuisées !
Comme au bout d'une branche on voit étinceler
Une goutte de pluie où le ciel vient briller,
Qu'on secoue avec l'arbre et qui tremble et qui lutte,
Perle avant de tomber et fange après sa chute !

La faute en est à nous. A toi, riche ! à ton or !
Cette fange d'ailleurs contient l'eau pure encor.
Pour que la goutte d'eau sorte de la poussière,
Et redevienne perle en sa splendeur première,
Il suffit, c'est ainsi que tout remonte au jour,
D'un rayon de soleil ou d'un rayon d'amour !

6 septembre 1835

(Les Chants du crépuscule)

AU BORD DE LA MER

Vois, ce spectacle est beau. – Ce paysage immense
Qui toujours devant nous finit et recommence ;
Ces blés, ces eaux, ces prés, ce bois charmant aux yeux ;
Ce chaume où l'on entend rire un groupe joyeux ;
L'océan qui s'ajoute à la plaine où nous sommes ;
Ce golfe, fait par Dieu, puis refait par les hommes,
Montrant la double main empreinte en ses contours,
Et des amas de rocs sous des monceaux de tours ;
Ces landes, ces forêts, ces crêtes déchirées ;
Ces antres à fleur d'eau qui boivent les marées ;
Cette montagne, au front de nuages couvert,
Qui dans un de ses plis porte un beau vallon vert,
Comme un enfant des fleurs dans un pan de sa robe ;
La ville que la brume à demi nous dérobe,
Avec ses mille toits bourdonnants et pressés ;
Ce bruit de pas sans nombre et de rameaux froissés,
De voix et de chansons qui par moments s'élève ;
Ces lames que la mer amincit sur la grève,
Où les longs cheveux verts des sombres goémons
Tremblent dans l'eau moirée avec l'ombre des monts ;
Cet oiseau qui voyage et cet oiseau qui joue ;
Ici cette charrue, et là-bas cette proue,
Traçant en même temps chacune leur sillon ;
Ces arbres et ces mâts, jouets de l'aquilon ;
Et là-bas, par delà les collines lointaines,
Ces horizons remplis de formes incertaines ;
Tout ce que nous voyons, brumeux ou transparent,
Flottant dans les clartés, dans les ombres errant,
Fuyant, debout, penché, fourmillant, solitaire,
Vagues, rochers, gazons, – regarde, c'est la terre !

Et là-haut, sur ton front, ces nuages si beaux
Où pend et se déchire une pourpre en lambeaux ;
Cet azur, qui ce soir sera l'ombre infinie ;

Cet espace qu'emplit l'éternelle harmonie ;
Ce merveilleux soleil, ce soleil radieux
Si puissant à changer toute forme à nos yeux
Que parfois, transformant en métaux les bruines,
On ne voit plus dans l'air que splendides ruines,
Entassements confus, amas étincelants
De cuivres et d'airains l'un sur l'autre croulants,
Cuirasses, boucliers, armures dénouées,
Et caparaçons d'or aux croupes des nuées ;
L'éther, cet océan si liquide et si bleu,
Sans rivage et sans fond, sans borne et sans milieu,
Que l'oscillation de toute haleine agite,
Où tout ce qui respire, ou remue, ou gravite,
A sa vague et son flot, à d'autres flots uni,
Où passent à la fois, mêlés dans l'infini,
Air tiède et vents glacés, aubes et crépuscules,
Bises d'hiver, ardeur des chaudes canicules,
Les parfums de la fleur et ceux de l'encensoir,
Les astres scintillant sur la robe du soir,
Et les brumes de gaze, et la douteuse étoile,
Paillette qui se perd dans les plis noirs du voile,
La clameur des soldats qu'enivre le tambour,
Le froissement du nid qui tressaille d'amour,
Les souffles, les échos, les brouillards, les fumées,
Mille choses que l'homme encor n'a pas nommées,
Les flots de la lumière et les ondes du bruit,
Tout ce qu'on voit le jour, tout ce qu'on sent la nuit ;
Eh bien ! nuage, azur, espace, éther, abîmes,
Ce fluide océan, ces régions sublimes
Toutes pleines de feux, de lueurs, de rayons,
Où l'âme emporte l'homme, où tous deux nous fuyons,
Où volent sur nos fronts, selon des lois profondes,
Près de nous les oiseaux et loin de nous les mondes,
Cet ensemble ineffable, immense, universel,
Formidable et charmant, – contemple, c'est le ciel !
Oh oui ! la terre est belle et le ciel est superbe ;
Mais quand ton sein palpite et quand ton œil reluit,
Quand ton pas gracieux court si léger sur l'herbe
Que le bruit d'une lyre est moins doux que son bruit ;

Lorsque ton frais sourire, aurore de ton âme,
Se lève rayonnant sur moi qu'il rajeunit,
Et de ta bouche rose, où naît sa douce flamme,
Monte jusqu'à ton front comme l'aube au zénith ;

Quand, parfois, sans te voir, ta jeune voix m'arrive,
Disant des mots confus qui m'échappent souvent,
Bruit d'une eau qui se perd sous l'ombre de sa rive,
Chanson d'oiseau caché qu'on écoute en rêvant ;

Lorsque ma poésie, insultée et proscrite,
Sur ta tête un moment se repose en chemin ;
Quand ma pensée en deuil sous la tienne s'abrite,
Comme un flambeau de nuit sous une blanche main ;

Quand nous nous asseyons tous deux dans la vallée ;
Quand ton âme, soudain apparue en tes yeux,
Contemple, avec les pleurs d'une sœur exilée,
Quelque vertu sur terre ou quelque étoile aux cieux ;

Quand brille sous tes cils, comme un feu sous les branches,
Ton beau regard, terni par de longues douleurs ;
Quand sous les maux passés tout à coup tu te penches,
Que tu veux me sourire et qu'il te vient des pleurs ;

Quand mon corps et ma vie à ton souffle résonnent,
Comme un tremblant clavier qui vibre à tout moment ;
Quand tes doigts, se posant sur mes doigts qui frissonnent,
Font chanter dans mon cœur un céleste instrument ;

Lorsque je te contemple, ô mon charme suprême ;
Quand ta noble nature, épanouie aux yeux,
Comme l'ardent buisson qui contenait Dieu même,
Ouvre toutes ses fleurs et jette tous ses feux ;

Ce qui sort à la fois de tant de douces choses,
Ce qui de ta beauté s'exhale nuit et jour,
Comme un parfum formé du souffle de cent roses,
C'est bien plus que la terre et le ciel, – c'est l'amour !

7 octobre 1834

(Les Chants du crépuscule)

Jeune fille, l'amour, c'est d'abord un miroir
Où la femme coquette et belle aime à se voir,
    Et, gaie ou rêveuse, se penche ;
Puis, comme la vertu, quand il a votre cœur,
Il en chasse le mal et le vice moqueur,
    Et vous fait l'âme pure et blanche ;

Puis on descend un peu, le pied vous glisse... – Alors
C'est un abîme ! en vain la main s'attache aux bords,
    On s'en va dans l'eau qui tournoie ! –
L'amour est charmant, pur, et mortel. N'y crois pas !
Tel l'enfant, par un fleuve attiré pas à pas,
    S'y mire, s'y lave et s'y noie.

25 février 1837

(Les Voix intérieures)

LA FONCTION DU POÈTE

.../...
Peuples ! écoutez le poète !
Écoutez le rêveur sacré !
Dans votre nuit, sans lui complète,
Lui seul a le front éclairé.
Des temps futurs perçant les ombres,
Lui seul distingue en leurs flancs sombres
Le germe qui n'est pas éclos.
Homme, il est doux comme une femme.
Dieu parle à voix basse à son âme
Comme aux forêts et comme aux flots.

C'est lui qui, malgré les épines,
L'envie et la dérision,
Marche, courbé dans vos ruines,
Ramassant la tradition.
De la tradition féconde
Sort tout ce qui couvre le monde,
Tout ce que le ciel peut bénir.
Toute idée, humaine ou divine,
Qui prend le passé pour racine
A pour feuillage l'avenir.

Il rayonne ! il jette sa flamme
Sur l'éternelle vérité !
Il la fait resplendir pour l'âme
D'une merveilleuse clarté.
Il inonde de sa lumière
Ville et désert, Louvre et chaumière,
Et les plaines et les hauteurs ;
À tous d'en haut il la dévoile ;
Car la poésie est l'étoile
Qui mène à Dieu rois et pasteurs !

25 mars – 1ᵉʳ avril 1839

(Les Rayons et les Ombres)

GUITARE

Gastibelza, l'homme à la carabine,
            Chantait ainsi :
« Quelqu'un a-t-il connu doña Sabine ?
            Quelqu'un d'ici ?
Dansez, chantez, villageois ! la nuit gagne
            Le mont Falù.
– Le vent qui vient à travers la montagne
            Me rendra fou !

» Quelqu'un de vous a-t-il connu Sabine,
            Ma señora ?
Sa mère était la vieille maugrabine
            D'Antequera
Qui chaque nuit criait dans la Tour-Magne
            Comme un hibou... –
Le vent qui vient à travers la montagne
            Me rendra fou !

» Dansez, chantez ! Des biens que l'heure envoie
            Il faut user.
Elle était jeune et son œil plein de joie
            Faisait penser. –
À ce vieillard qu'un enfant accompagne
            Jetez un sou !... –
Le vent qui vient à travers la montagne
            Me rendra fou.

» Vraiment, la reine eût près d'elle été laide
            Quand, vers le soir,
Elle passait sur le pont de Tolède
            En corset noir.
Un chapelet du temps de Charlemagne
            Ornait son cou... –
Le vent qui vient à travers la montagne
            Me rendra fou.

77

» Le roi disait en la voyant si belle
          À son neveu :
– Pour un baiser, pour un sourire d'elle,
          Pour un cheveu,
Infant don Ruy, je donnerais l'Espagne
          Et le Pérou ! –
Le vent qui vient à travers la montagne
          Me rendra fou.

» Je ne sais pas si j'aimais cette dame,
          Mais je sais bien
Que pour avoir un regard de son âme,
          Moi, pauvre chien,
J'aurais gaîment passé dix ans au bagne
          Sous le verrou... –
Le vent qui vient à travers la montagne
          Me rendra fou.

» Un jour d'été que tout était lumière,
          Vie et douceur,
Elle s'en vint jouer dans la rivière
          Avec sa sœur,
Je vis le pied de sa jeune compagne
          Et son genou... –
Le vent qui vient à travers la montagne
          Me rendra fou.

» Quand je voyais cette enfant, moi le pâtre
          De ce canton,
Je croyais voir la belle Cléopâtre,
          Qui, nous dit-on,
Menait César, empereur d'Allemagne,
          Par le licou... –
Le vent qui vient à travers la montagne
          Me rendra fou.

» Dansez, chantez, villageois, la nuit tombe !
          Sabine, un jour,
A tout vendu, sa beauté de colombe,
          Et son amour,
Pour l'anneau d'or du comte de Saldagne,
          Pour un bijou... –
Le vent qui vient à travers la montagne
          Me rendra fou.

» Sur ce vieux banc souffrez que je m'appuie,
        Car je suis las.
Avec ce comte elle s'est donc enfuie !
        Enfuie, hélas !
Par le chemin qui va vers la Cerdagne,
        Je ne sais où... –
Le vent qui vient à travers la montagne
        Me rendra fou.

» Je la voyais passer de ma demeure,
        Et c'était tout.
Mais à présent je m'ennuie à toute heure,
        Plein de dégoût,
Rêveur oisif, l'âme dans la campagne,
        La dague au clou... –
Le vent qui vient à travers la montagne
        M'a rendu fou ! »

14 mars 1837

(Les Rayons et les Ombres)

TRISTESSE D'OLYMPIO

Les champs n'étaient point noirs, les cieux n'étaient pas mornes.
Non, le jour rayonnait dans un azur sans bornes
      Sur la terre étendu,
L'air était plein d'encens et les prés de verdures
Quand il revit ces lieux où par tant de blessures
      Son cœur s'est répandu !

L'automne souriait ; les coteaux vers la plaine
Penchaient leurs bois charmants qui jaunissaient à peine ;
      Le ciel était doré ;
Et les oiseaux, tournés vers celui que tout nomme,
Disant peut-être à Dieu quelque chose de l'homme,
      Chantaient leur chant sacré !

Il voulut tout revoir, l'étang près de la source,
La masure où l'aumône avait vidé leur bourse,
      Le vieux frêne plié,
Les retraites d'amour au fond des bois perdues,
L'arbre où dans les baisers leurs âmes confondues
      Avaient tout oublié !

Il chercha le jardin, la maison isolée,
La grille d'où l'œil plonge en une oblique allée,
      Les vergers en talus.
Pâle, il marchait. – Au bruit de son pas grave et sombre,
Il voyait à chaque arbre, hélas ! se dresser l'ombre
      Des jours qui ne sont plus !

Il entendait frémir dans la forêt qu'il aime
Ce doux vent qui, faisant tout vibrer en nous-même,
      Y réveille l'amour,
Et, remuant le chêne ou balançant la rose,
Semble l'âme de tout qui va sur chaque chose
      Se poser tour à tour !

Les feuilles qui gisaient dans le bois solitaire,
S'efforçant sous ses pas de s'élever de terre,
  Couraient dans le jardin ;
Ainsi, parfois, quand l'âme est triste, nos pensées
S'envolent un moment sur leurs ailes blessées,
  Puis retombent soudain.

Il contempla longtemps les formes magnifiques
Que la nature prend dans les champs pacifiques ;
  Il rêva jusqu'au soir ;
Tout le jour il erra le long de la ravine,
Admirant tour à tour le ciel, face divine,
  Le lac, divin miroir !

Hélas ! se rappelant ses douces aventures,
Regardant, sans entrer, par-dessus les clôtures,
  Ainsi qu'un paria,
Il erra tout le jour. Vers l'heure où la nuit tombe,
Il se sentit le cœur triste comme une tombe,
  Alors il s'écria :

« Ô douleur ! j'ai voulu, moi dont l'âme est troublée,
Savoir si l'urne encor conservait la liqueur,
Et voir ce qu'avait fait cette heureuse vallée
De tout ce que j'avais laissé là de mon cœur !

» Que peu de temps suffit pour changer toutes choses !
Nature au front serein, comme vous oubliez !
Et comme vous brisez dans vos métamorphoses
Les fils mystérieux où nos cœurs sont liés !

» Nos chambres de feuillage en halliers sont changées !
L'arbre où fut notre chiffre est mort ou renversé ;
Nos roses dans l'enclos ont été ravagées
Par les petits enfants qui sautent le fossé.

» Un mur clôt la fontaine où, par l'heure échauffée,
Folâtre, elle buvait en descendant des bois ;
Elle prenait de l'eau dans sa main, douce fée,
Et laissait retomber des perles de ses doigts !

» On a pavé la route âpre et mal aplanie,
Où, dans le sable pur se dessinant si bien,
Et de sa petitesse étalant l'ironie,
Son pied charmant semblait rire à côté du mien !

» La borne du chemin, qui vit des jours sans nombre,
Où jadis pour m'attendre elle aimait à s'asseoir,
S'est usée en heurtant, lorsque la route est sombre,
Les grands chars gémissants qui reviennent le soir.

» La forêt ici manque et là s'est agrandie.
De tout ce qui fut nous presque rien n'est vivant ;
Et, comme un tas de cendre éteinte et refroidie,
L'amas des souvenirs se disperse à tout vent !

» N'existons-nous donc plus ? Avons-nous eu notre heure ?
Rien ne la rendra-t-il à nos cris superflus ?
L'air joue avec la branche au moment où je pleure ;
Ma maison me regarde et ne me connaît plus.

» D'autres vont maintenant passer où nous passâmes.
Nous y sommes venus, d'autres vont y venir ;
Et le songe qu'avaient ébauché nos deux âmes,
Ils le continueront sans pouvoir le finir !

» Car personne ici-bas ne termine et n'achève ;
Les pires des humains sont comme les meilleurs ;
Nous nous réveillons tous au même endroit du rêve.
Tout commence en ce monde et tout finit ailleurs.

» Oui, d'autres à leur tour viendront, couples sans tache,
Puiser dans cet asile heureux, calme, enchanté,
Tout ce que la nature à l'amour qui se cache
Mêle de rêverie et de solennité !

» D'autres auront nos champs, nos sentiers, nos retraites ;
Ton bois, ma bien-aimée, est à des inconnus.
D'autres femmes viendront, baigneuses indiscrètes,
Troubler le flot sacré qu'ont touché tes pieds nus !

» Quoi donc ! c'est vainement qu'ici nous nous aimâmes !
Rien ne nous restera de ces coteaux fleuris
Où nous fondions notre être en y mêlant nos flammes !
L'impassible nature a déjà tout repris.

» Oh ! dites-moi, ravins, frais ruisseaux, treilles mûres,
Rameaux chargés de nids, grottes, forêts, buissons,
Est-ce que vous ferez pour d'autres vos murmures ?
Est-ce que vous direz à d'autres vos chansons ?

» Nous nous comprenions tant ! doux, attentifs, austères,
Tous nos échos s'ouvraient si bien à votre voix !
Et nous prêtions si bien, sans troubler vos mystères,
L'oreille aux mots profonds que vous dites parfois !

» Répondez, vallon pur, répondez, solitude,
Ô nature abritée en ce désert si beau,
Lorsque nous dormirons tous deux dans l'attitude
Que donne aux morts pensifs la forme du tombeau,

» Est-ce que vous serez à ce point insensible
De nous savoir couchés, morts avec nos amours,
Et de continuer votre fête paisible,
Et de toujours sourire et de chanter toujours ?

» Est-ce que, nous sentant errer dans vos retraites,
Fantômes reconnus par vos monts et vos bois,
Vous ne nous direz pas de ces choses secrètes
Qu'on dit en revoyant des amis d'autrefois ?

» Est-ce que vous pourrez, sans tristesse et sans plainte,
Voir nos ombres flotter où marchèrent nos pas,
Et la voir m'entraîner, dans une morne étreinte,
Vers quelque source en pleurs qui sanglote tout bas ?

» Et s'il est quelque part, dans l'ombre où rien ne veille,
Deux amants sous vos fleurs abritant leurs transports,
Ne leur irez-vous pas murmurer à l'oreille :
– Vous qui vivez, donnez une pensée aux morts !

» Dieu nous prête un moment les prés et les fontaines,
Les grands bois frissonnants, les rocs profonds et sourds,
Et les cieux azurés et les lacs et les plaines,
Pour y mettre nos cœurs, nos rêves, nos amours ;

» Puis il nous les retire. Il souffle notre flamme ;
Il plonge dans la nuit l'antre où nous rayonnons ;
Et dit à la vallée, où s'imprima notre âme,
D'effacer notre trace et d'oublier nos noms.

» Eh bien ! oubliez-nous, maison, jardin, ombrages !
Herbe, use notre seuil ! ronce, cache nos pas !

Chantez, oiseaux ! ruisseaux, coulez ! croissez, feuillages !
Ceux que vous oubliez ne vous oublieront pas.

» Car vous êtes pour nous l'ombre de l'amour même !
Vous êtes l'oasis qu'on rencontre en chemin !
Vous êtes, ô vallon, la retraite suprême
Où nous avons pleuré nous tenant par la main !

» Toutes les passions s'éloignent avec l'âge,
L'une emportant son masque et l'autre son couteau,
Comme un essaim chantant d'histrions en voyage
Dont le groupe décroît derrière le coteau.

» Mais toi, rien ne t'efface, amour ! toi qui nous charmes,
Toi qui, torche ou flambeau, luis dans notre brouillard !
Tu nous tiens par la joie, et surtout par les larmes.
Jeune homme on te maudit, on t'adore vieillard.

» Dans ces jours où la tête au poids des ans s'incline,
Où l'homme, sans projets, sans but, sans visions,
Sent qu'il n'est déjà plus qu'une tombe en ruine
Où gisent ses vertus et ses illusions ;

» Quand notre âme en rêvant descend dans nos entrailles,
Comptant dans notre cœur, qu'enfin la glace atteint,
Comme on compte les morts sur un champ de batailles,
Chaque douleur tombée et chaque songe éteint,

» Comme quelqu'un qui cherche en tenant une lampe,
Loin des objets réels, loin du monde rieur,
Elle arrive à pas lents par une obscure rampe
Jusqu'au fond désolé du gouffre intérieur ;

» Et là, dans cette nuit qu'aucun rayon n'étoile,
L'âme, en un repli sombre où tout semble finir,
Sent quelque chose encore palpiter sous un voile...
C'est toi qui dors dans l'ombre, ô sacré souvenir ! »

Octobre 183...

(Les Rayons et les Ombres)

Charles Augustin SAINTE-BEUVE
(1804-1869)

LES RAYONS JAUNES

Les dimanches d'été, le soir, vers les six heures,
Quand le peuple empressé déserte ses demeures
    Et va s'ébattre aux champs,
Ma persienne fermée, assis à ma fenêtre,
Je regarde d'en haut passer et disparaître
    Joyeux bourgeois, marchands,

Ouvriers en habits de fête, au cœur plein d'aise ;
Un livre est entr'ouvert, près de moi, sur ma chaise :
    Je lis ou fais semblant ;
Et les rayons jaunes que le couchant ramène,
Plus jaunes ce soir-là que pendant la semaine,
    Teignent mon rideau blanc.

J'aime à les voir percer vitres et jalousie ;
Chaque oblique sillon trace à ma fantaisie
    Un flot d'atomes d'or ;
Puis, m'arrivant dans l'âme à travers la prunelle,
Ils redorent aussi mille pensers en elle,
    Mille atomes encor.

Ce sont des jours confus dont reparaît la trame,
Des souvenirs d'enfance, aussi doux à notre âme
    Qu'un rêve d'avenir :
C'était à pareille heure (oh ! je me le rappelle)
Qu'après vêpres, enfants, au chœur de la chapelle,
    On nous faisait venir.

La lampe brûlait jaune, et jaune aussi les cierges ;
Et la lueur glissant aux fronts voilés des vierges

Jaunissait leur blancheur ;
Et le prêtre vêtu de son étole blanche
Courbait un front jauni, comme un épi qui penche
Sous la faux du faucheur.

Oh ! qui dans une église, à genoux sur la pierre,
N'a bien souvent, le soir, déposé sa prière,
Comme un grain pur de sel ?
Qui n'a du crucifix baisé le jaune ivoire ?
Qui n'a de l'Homme-Dieu lu la sublime histoire
Dans un jaune missel ?

Mais où la retrouver, quand elle s'est perdue,
Cette humble foi du cœur, qu'un ange a suspendue
En palme à nos berceaux ;
Qu'une mère a nourrie en nous d'un zèle immense ;
Dont chaque jour un prêtre arrosait la semence
Aux bords des saints ruisseaux ?

Peut-elle refleurir lorsqu'a soufflé l'orage,
Et qu'en nos cœurs l'orgueil, debout, a dans sa rage
Mis le pied sur l'autel ?
On est bien faible alors, quand le malheur arrive,
Et la mort... faut-il donc que l'idée en survive
Au vœu d'être immortel !

J'ai vu mourir, hélas ! ma bonne vieille tante,
L'an dernier ; sur son lit, sans voix et haletante,
Elle resta trois jours,
Et trépassa. J'étais près d'elle dans l'alcôve ;
J'étais près d'elle encor, quand sur sa tête chauve
Le linceul fit trois tours.

Le cercueil arriva, qu'on mesura de l'aune ;
J'étais là... puis, autour, des cierges brûlaient jaune,
Des prêtres priaient bas ;
Mais en vain je voulais dire l'hymne dernière ;
Mon œil était sans larme et ma voix sans prière,
Car je ne croyais pas.

Elle m'aimait pourtant... ; et ma mère aussi m'aime,
Et ma mère à son tour mourra ; bientôt moi-même
Dans le jaune linceul

Je l'ensevelirai ; je clouerai sous la lame
Ce corps flétri, mais cher, ce reste de mon âme ;
      Alors je serai seul ;

Seul, sans mère, sans sœur, sans frère et sans épouse ;
Car qui voudrait m'aimer, et quelle main jalouse
      S'unirait à ma main ?...
Mais déjà le soleil recule devant l'ombre,
Et les rayons qu'il lance à mon rideau plus sombre
      S'éteignent en chemin...

Non, jamais à mon nom ma jeune fiancée
Ne rougira d'amour, rêvant dans sa pensée
      Au jeune époux absent ;
Jamais deux enfants purs, deux anges de promesse
Ne tiendront suspendu sur moi, durant la messe,
      Le poêle jaunissant.

Non, jamais, quand la mort m'étendra sur ma couche,
Mon front ne sentira le baiser d'une bouche,
      Ni mon œil obscurci
N'entreverra l'adieu d'une lèvre mi-close !
Jamais sur mon tombeau ne jaunira la rose,
      Ni le jaune souci !

– Ainsi va ma pensée, et la nuit est venue ;
Je descends, et bientôt dans la foule inconnue
      J'ai noyé mon chagrin :
Plus d'un bras me coudoie ; on entre à la guinguette,
On sort du cabaret ; l'invalide en goguette
      Chevrote un gai refrain.

Ce ne sont que chansons, clameurs, rixes d'ivrogne,
Ou qu'amours en plein air, et baisers sans vergogne,
      Et publiques faveurs ;
Je rentre : sur ma route on se presse, on se rue ;
Toute la nuit j'entends se traîner dans ma rue
      Et hurler les buveurs.

Félix ARVERS
(1806-1850)

SONNET
imité de l'italien

Mon âme a son secret, ma vie a son mystère :
Un amour éternel en un moment conçu :
Le mal est sans espoir, aussi j'ai dû le taire,
Et celle qui l'a fait n'en a jamais rien su.

Hélas ! j'aurai passé près d'elle inaperçu,
Toujours à ses côtés, et pourtant solitaire,
Et j'aurai jusqu'au bout fait mon temps sur la terre,
N'osant rien demander et n'ayant rien reçu.

Pour elle, quoique Dieu l'ait faite douce et tendre,
Elle ira son chemin, distraite, et sans entendre
Ce murmure d'amour élevé sur ses pas ;

À l'austère devoir pieusement fidèle,
Elle dira, lisant ces vers tout remplis d'elle :
« Quelle est donc cette femme ? » et ne comprendra pas.

(Mes heures perdues)

Xavier FORNERET
(1809-1884)

UN PAUVRE HONTEUX

Il l'a tirée
De sa poche percée,
L'a mise sous ses yeux ;
Et l'a bien regardée
En disant : « Malheureux ! »

Il l'a soufflée
De sa bouche humectée ;
Il avait presque peur
D'une horrible pensée
Qui vint le prendre au cœur.

Il l'a mouillée
D'une larme gelée
Qui fondit par hasard ;
Sa chambre était trouée
Encor plus qu'un bazar.

Il l'a frottée,
Ne l'a pas réchauffée,
À peine il la sentait ;
Car, par le froid pincée
Elle se retirait.

Il l'a pesée
Comme on pèse une idée,
En l'appuyant sur l'air.
Puis il l'a mesurée
Avec du fil de fer.

Il l'a touchée
De sa lèvre ridée. –
D'un frénétique effroi
Elle s'est écriée :
Adieu, embrasse-moi !

Il l'a baisée,
Et après l'a croisée
Sur l'horloge du corps,
Qui rendait, mal montée,
De mats et lourds accords.

Il l'a palpée
D'une main décidée
À la faire mourir. –
– Oui, c'est une bouchée
Dont on peut se nourrir.

Il l'a pliée,
Il l'a cassée,
Il l'a placée,
Il l'a coupée,
Il l'a lavée,
Il l'a portée,
Il l'a grillée,
Il l'a mangée.

– Quand il n'était pas grand, on lui avait dit :
Si tu as faim, mange une de tes mains.

(Vapeurs, ni vers ni prose)

ET LA LUNE DONNAIT ET LA ROSÉE TOMBAIT

(Extrait)

.../...

Les choses en étaient là, lorsque les larmes de la Française tombaient sur la tête du Jeune Homme. Pleurait-elle de bonheur ou de remords ? car le Jeune Homme allait bientôt se trouver seul avec elle dans le jardin. – Quoi qu'il en pût être, les deux amants ne tardèrent pas à mêler leurs deux âmes au souffle de la nuit. –

Lorsque le Jeune Homme et la Française se firent face, le Jeune Homme qui vit, au clair de lune, le réseau larmoyant qui se balançait encore sur les regards de la Française, dit :

– Vous pleurez, vous pleurez, vous ! Oh ! oh ! vous ! Comme le Ciel est injuste ! Vous, répandre des larmes ! Mon Dieu, qu'est-il donc arrivé ? Laissez ma bouche se tourner vers la vôtre sans qu'elle la touche, pour que je puisse sucer vos paroles avant l'air. Oh ! non ! je ne veux pas la toucher, car je veux vivre, à présent que je vous connais. Je veux vivre pour être immobile d'adoration devant vous. Je veux vivre pour être à genoux, joindre mes mains, vous voir et vous prier. Oh ! voyez, je suis tendre aujourd'hui, en cette nuit, en cet instant. Voyez ! oh ! Je vous aime ! oh ! oui, je vous aime ! Oh ! aimez-moi aussi ! J'ai tant besoin qu'on m'aime ! Oui ! Allons, ne pleurez plus ! Voulez-vous tout mon sang pour arrêter une de vos larmes ? Parlez ! Que vous êtes belle ! que je vous voie ! que je vous sente ! Oh ! – Ces pleurs, ils cessent. Presque un sourire. Grâces à vous ! Merci ! Vous êtes donc heureuse par moi, avec moi, pour nous deux qui sommes UN. Je suis bien fier, allez ! je suis bien fier. Je ne peux plus vous dire aucune chose à présent. Mais regardez-moi, regardez ! Oh ! Qu'est-ce que j'ai donc, dites ?

– Mon Dieu, répondit la Française, il faut que vous sachiez aussi ce que j'ai le plus souvent dans l'âme. Eh bien donc ! ce que j'ai dans l'âme, c'est quelque chose de noir comme un drap de mort, et qui fait que je me sens mourir. Plusieurs fois, assise ou levée, je me dis : – Je vais donc mourir ! À l'heure qu'il est, j'ai encore envie de rendre mon cœur, mais d'amour. Voyez-vous, cette vie, la mienne, a été froissée ; elle s'est aigrie, fanée. J'ai bien des chagrins. Oh ! j'en ai. Je vous les dirai plus tard. Ne vous fâchez pas. Pardonnez-moi. Voulez-vous mes lèvres, mes yeux, mes cheveux, mon souffle entier ? Prenez tout. Tout cela est à vous. Vous savez me comprendre, vous ! Oh ! mais je prends aussi tout de vous, n'est-ce pas ! On donne tout à son Dieu. Et je suis le vôtre, n'est-ce pas mon bon dieu de sentiment ? Merci ! merci ! Oh ! maintenant j'oublie, et maintenant ce que j'ai dans l'âme, c'est une brise de parfums au soleil du Soir. C'est un bleu tendre mêlé d'or et d'argent qui caresse la vue. C'est une douceur mélancolique ou emportée comme un mot au Christ. C'est un enfant qui sourit à sa mère. C'est sa mère qui le regarde. Ce sont des cœurs qui dansent, s'entrechoquent en criant : Amour ! amour ! Et puis, vous l'entendez, c'est la folie qui me possède et ricane de mes paroles. Qu'est-ce que cela me fait. Aimez-moi ! oh ! oui ! aimez-moi ! Mon Dieu, on dit ce qu'on a dans l'âme. Voilà tout.

Aloysius BERTRAND
(1807-1841)

À M. Louis Boulanger, peintre.

LA RONDE SOUS LA CLOCHE

C'était un bâtiment lourd, presque carré, entouré de ruines, et dont la tour principale, qui possédait encore son horloge, dominait tout le quartier.

Fenimore COOPER

Douze magiciens dansaient une ronde sous la grosse cloche de Saint-Jean. Ils évoquèrent l'orage l'un après l'autre, et du fond de mon lit je comptai avec épouvante douze voix qui traversèrent processionnellement les ténèbres.

Aussitôt la lune courut se cacher derrière les nuées, et une pluie mêlée d'éclairs et de tourbillons fouetta ma fenêtre, tandis que les girouettes criaient comme des grues en sentinelle sur qui crève l'averse dans les bois.

La chanterelle de mon luth, appendu à la cloison, éclata ; mon chardonneret battit de l'aile dans sa cage ; quelque esprit curieux tourna un feuillet du Roman-de-la-Rose qui dormait sur mon pupitre.

Mais soudain gronda la foudre au haut de Saint-Jean. Les enchanteurs s'évanouirent frappés à mort, et je vis de loin leurs livres de magie brûler comme une torche dans le noir clocher.

Cette effrayante lueur peignait des rouges flammes du purgatoire et de l'enfer les murailles de la gothique église, et prolongeait sur les maisons voisines l'ombre de la statue gigantesque de Saint-Jean.

Les girouettes se rouillèrent ; la lune fondit les nuées gris de perle ; la pluie ne tomba plus que goutte à goutte des bords du toit, et la brise, ouvrant ma fenêtre mal close, jeta sur mon oreiller les fleurs de mon jasmin secoué par l'orage.

(Gaspard de la nuit)

ONDINE

.... *Je croyais entendre*
Une vague harmonie enchanter mon sommeil,
Et près de moi s'épandre un murmure pareil
Aux chants entrecoupés d'une voix triste et tendre.

Ch. BRUGNOT, Les Deux Génies

– « Écoute ! – Écoute ! – C'est moi, c'est Ondine qui frôle de ces gouttes d'eau les losanges sonores de ta fenêtre illuminée par les mornes rayons de la lune ; et voici en robe de moire, la dame châtelaine qui contemple à son balcon la belle nuit étoilée et le beau lac endormi.

» Chaque flot est un ondin qui nage dans le courant, chaque courant est un sentier qui serpente vers mon palais, et mon palais est bâti fluide, au fond du lac, dans le triangle du feu, de la terre et de l'air.

» Écoute ! – Écoute ! – Mon père bat l'eau coassante d'une branche d'aulne verte, et mes sœurs caressent de leurs bras d'écume les fraîches îles d'herbes, de nénuphars, et de glaïeuls, ou se moquent du saule caduc et barbu qui pêche à la ligne ! »

*

Sa chanson murmurée, elle me supplia de recevoir son anneau à mon doigt pour être l'époux d'une Ondine, et de visiter avec elle son palais pour être le roi des lacs.

Et comme je lui répondais que j'aimais une mortelle, boudeuse et dépitée, elle pleura quelques larmes, poussa un éclat de rire, et s'évanouit en giboulées qui ruisselèrent blanches le long de mes vitraux bleus.

(Gaspard de la nuit)

Gérard de NERVAL
(1808-1855)

AVRIL

Déjà les beaux jours, – la poussière,
Un ciel d'azur et de lumière,
Les murs enflammés, les longs soirs ; –
Et rien de vert : – à peine encore
Un reflet rougeâtre décore
Les grands arbres aux rameaux noirs !

Ce beau temps me pèse et m'ennuie.
– Ce n'est qu'après des jours de pluie
Que doit surgir, en un tableau,
Le printemps verdissant et rose,
Comme une nymphe fraîche éclose,
Qui, souriante, sort de l'eau.

(Les Petits Châteaux de Bohême)

FANTAISIE

Il est un air pour qui je donnerais
Tout Rossini, tout Mozart et tout Weber[1],
Un air très vieux, languissant et funèbre,
Qui pour moi seul a des charmes secrets !

Or, chaque fois que je viens à l'entendre,
De deux cents ans mon âme rajeunit...
C'est sous Louis treize ; et je crois voir s'étendre
Un coteau vert, que le couchant jaunit,

Puis un château de brique à coins de pierre,
Aux vitraux teints de rougeâtres couleurs,
Ceint de grands parcs, avec une rivière
Baignant ses pieds, qui coule entre des fleurs ;

Puis une dame, à sa haute fenêtre,
Blonde aux yeux noirs, en ses habits anciens,
Que, dans une autre existence peut-être,
J'ai déjà vue... et dont je me souviens !

(Les Petits Châteaux de Bohême)

---

1. On prononce *Wèbre*.

LA GRAND'MÈRE

Voici trois ans qu'est morte ma grand'mère,
– La bonne femme ! – et, quand on l'enterra,
Parents, amis, tout le monde pleura
D'une douleur bien vraie et bien amère.

Moi seul j'errais dans la maison, surpris
Plus que chagrin ; et, comme j'étais proche
De son cercueil, – quelqu'un me fit reproche
De voir cela sans larmes et sans cris.

Douleur bruyante est bien vite passée :
Depuis trois ans, d'autres émotions,
Des biens, des maux, – des révolutions,
Ont dans les cœurs sa mémoire effacée.

Moi seul j'y songe, et la pleure souvent ;
Depuis trois ans, par le temps prenant force
Ainsi qu'un nom gravé dans une écorce,
Son souvenir se creuse plus avant !

(Les Petits Châteaux de Bohême)

...../...

Les aventures sont ce qu'on les fait et celle-là m'était trop indifférente après tout pour que je cherchasse à la pousser au drame, surtout avec un suisse personnage probablement peu poétique. Avant le jour cette femme m'éveilla en sursaut au bruit des premières cloches. En un clin d'œil, je me trouvai habillé, conduit dehors et me voilà sur le pavé de la rue de Tolède, encore assez endormi pour ne pas trop comprendre ce qui venait de m'arriver. Je pris par les petites rues derrière Chiaia et je me mis à gravir le Pausilippe au-dessus de la grotte.

Arrivé tout en haut, je me promenais en regardant la mer déjà bleuâtre, la ville où l'on n'entendait encore que le bruit du matin et les deux îles d'Eschia et de Nisita où le soleil commençait à dorer le haut des villas. Je n'étais pas fatigué le moins du monde [...?...] je marchais à grands pas, je courais, je descendais les pentes, je me roulais dans l'herbe humide, mais dans mon cœur il y avait l'idée de la mort.

Ô Dieu ! je ne sais quelle profonde tristesse habitait en mon âme, mais ce n'était autre chose que la pensée cruelle que je n'étais pas aimé ! J'avais vu comme le fantôme du bonheur, j'avais usé de tous les dons de Dieu, j'étais sous le plus beau ciel du monde, en présence de la nature la plus parfaite, du spectacle le plus immense qu'il soit donné aux hommes de voir, mais à cinq cents lieues de la seule femme qui existât pour moi et qui ignorait alors jusqu'à mon existence.

N'être pas aimé et n'avoir pas l'espoir de l'être jamais. Cette femme étrangère qui m'avait présenté votre vaine image et qui servait pour moi au caprice d'un soir, mais qui avait ses amours à elle, ses intérêts, ses habitudes, cette femme m'avait offert tout le plaisir qui peut exister en dehors des émotions de l'amour. Mais l'amour manquant, tout cela n'était rien.

...../...

En marge d'Aurélia

(Lettres à Aurélia)

LES CHIMÈRES

EL DESDICHADO

Je suis le Ténébreux, – le Veuf, – l'Inconsolé,
Le Prince d'Aquitaine à la Tour abolie :
Ma seule *Étoile* est morte, – et mon luth constellé
Porte le *Soleil noir* de la *Mélancolie*.

Dans la nuit du Tombeau, Toi qui m'as consolé,
Rends-moi le Pausilippe et la mer d'Italie,
La *fleur* qui plaisait tant à mon cœur désolé,
Et la treille où le Pampre à la Rose s'allie.

Suis-je Amour ou Phœbus ?... Lusignan ou Biron ?
Mon front est rouge encor du baiser de la Reine ;
J'ai rêvé dans la Grotte où nage la Syrène...

Et j'ai deux fois vainqueur traversé l'Achéron :
Modulant tour à tour sur la lyre d'Orphée
Les soupirs de la Sainte et les cris de la Fée.

MYRTHO

Je pense à toi, Myrtho, divine enchanteresse,
Au Pausilippe altier, de mille feux brillant,
À ton front inondé des clartés d'Orient,
Aux raisins noirs mêlés avec l'or de ta tresse.

C'est dans ta coupe aussi que j'avais bu l'ivresse,
Et dans l'éclair furtif de ton œil souriant,
Quand aux pieds d'Iacchus on me voyait priant,
Car la Muse m'a fait l'un des fils de la Grèce.

Je sais pourquoi là-bas le volcan s'est rouvert...
C'est qu'hier tu l'avais touché d'un pied agile,
Et de cendres soudain l'horizon s'est couvert.

Depuis qu'un duc normand brisa tes dieux d'argile,
Toujours, sous les rameaux du laurier de Virgile,
Le pâle Hortensia s'unit au Myrte vert !

HORUS

Le dieu Kneph en tremblant ébranlait l'univers :
Isis, la mère, alors se leva sur sa couche,
Fit un geste de haine à son époux farouche,
Et l'ardeur d'autrefois brilla dans ses yeux verts.

« Le voyez-vous, dit-elle, il meurt, ce vieux pervers,
Tous les frimas du monde ont passé par sa bouche,
Attachez son pied tors, éteignez son œil louche,
C'est le dieu des volcans et le roi des hivers !

« L'aigle a déjà passé, l'esprit nouveau m'appelle,
J'ai revêtu pour lui la robe de Cybèle...
C'est l'enfant bien-aimé d'Hermès et d'Osiris ! »

La déesse avait fui sur sa conque dorée,
La mer nous renvoyait son image adorée,
Et les cieux rayonnaient sous l'écharpe d'Iris.

ANTÉROS

Tu demandes pourquoi j'ai tant de rage au cœur
Et sur un col flexible une tête indomptée ;
C'est que je suis issu de la race d'Antée,
Je retourne les dards contre le dieu vainqueur.

Oui, je suis de ceux-là qu'inspire le Vengeur,
Il m'a marqué le front de sa lèvre irritée,
Sous la pâleur d'Abel, hélas ! ensanglantée,
J'ai parfois de Caïn l'implacable rougeur !

Jéhovah ! le dernier, vaincu par ton génie,
Qui, du fond des enfers, criait : « Ô tyrannie ! »
C'est mon aïeul Bélus ou mon père Dagon...

Ils m'ont plongé trois fois dans les eaux du Cocyte,
Et, protégeant tout seul ma mère Amalécyte,
Je ressème à ses pieds les dents du vieux dragon.

DELFICA

La connais-tu, DAFNÉ, cette ancienne romance,
Au pied du sycomore, ou sous les lauriers blancs,
Sous l'olivier, le myrte, ou les saules tremblants,
Cette chanson d'amour... qui toujours recommence ?...

Reconnais-tu le TEMPLE au péristyle immense,
Et les citrons amers où s'imprimaient tes dents,
Et la grotte, fatale aux hôtes imprudents,
Où du dragon vaincu dort l'antique semence ?...

Ils reviendront, ces Dieux que tu pleures toujours !
Le temps va ramener l'ordre des anciens jours ;
La terre a tressailli d'un souffle prophétique...

Cependant la sibylle au visage latin
Est endormie encor sous l'arc de Constantin
– Et rien n'a dérangé le sévère portique.

ARTÉMIS

La Treizième revient... C'est encor la première ;
Et c'est toujours la Seule, – ou c'est le seul moment ;
Car es-tu Reine, ô Toi ! la première ou dernière ?
Es-tu Roi, toi le Seul ou le dernier amant ?...

Aimez qui vous aima du berceau dans la bière ;
Celle que j'aimai seul m'aime encor tendrement :
C'est la Mort – ou la Morte... Ô délice ! ô tourment !
La rose qu'elle tient, c'est la *Rose trémière*.

Sainte napolitaine aux mains pleines de feux,
Rose au cœur violet, fleur de sainte Gudule :
As-tu trouvé ta Croix dans le désert des Cieux ?

Roses blanches, tombez ! vous insultez nos Dieux,
Tombez, fantômes blancs, de votre ciel qui brûle :
– La Sainte de l'Abîme est plus sainte à mes yeux !

LE CHRIST AUX OLIVIERS

> Dieu est mort ! le ciel est vide...
> Pleurez ! enfants, vous n'avez plus de père !
>
> JEAN PAUL

I

Quand le Seigneur, levant au ciel ses maigres bras
Sous les arbres sacrés, comme font les poètes,
Se fut longtemps perdu dans ses douleurs muettes,
Et se jugea trahi par des amis ingrats ;

Il se tourna vers ceux qui l'attendaient en bas
Rêvant d'être des rois, des sages, des prophètes...
Mais engourdis, perdus dans le sommeil des bêtes,
Et se prit à crier : « Non, Dieu n'existe pas ! »

Ils dormaient. « Mes amis, savez-vous *la nouvelle* ?
J'ai touché de mon front à la voûte éternelle ;
Je suis sanglant, brisé, souffrant pour bien des jours !

« Frères, je vous trompais : Abîme ! abîme ! abîme !
Le dieu manque à l'autel où je suis la victime...
Dieu n'est pas ! Dieu n'est plus ! » Mais ils dormaient toujours !...

II

Il reprit : « Tout est mort ! J'ai parcouru les mondes ;
Et j'ai perdu mon vol dans leurs chemins lactés,
Aussi loin que la vie, en ses veines fécondes,
Répand des sables d'or et des flots argentés :

« Partout le sol désert côtoyé par des ondes,
Des tourbillons confus d'océans agités...

Un souffle vague émeut les sphères vagabondes,
Mais nul esprit n'existe en ces immensités.

« En cherchant l'œil de Dieu, je n'ai vu qu'un orbite
Vaste, noir et sans fond, d'où la nuit qui l'habite
Rayonne sur le monde et s'épaissit toujours ;

« Un arc-en-ciel étrange entoure ce puits sombre,
Seuil de l'ancien chaos dont le néant est l'ombre,
Spirale engloutissant les Mondes et les Jours !

III

« Immobile Destin, muette sentinelle,
Froide Nécessité !... Hasard qui, t'avançant
Parmi les mondes morts sous la neige éternelle,
Refroidis, par degrés, l'univers pâlissant,

« Sais-tu ce que tu fais, puissance originelle,
De tes soleils éteints, l'un l'autre se froissant...
Es-tu sûr de transmettre une haleine immortelle,
Entre un monde qui meurt et l'autre renaissant ?...

« Ô mon père ! est-ce toi que je sens en moi-même ?
As-tu pouvoir de vivre et de vaincre la mort ?
Aurais-tu succombé sous un dernier effort

« De cet ange des nuits que frappa l'anathème ?...
Car je me sens tout seul à pleurer et souffrir,
Hélas ! et, si je meurs, c'est que tout va mourir ! »

IV

Nul n'entendait gémir l'éternelle victime,
Livrant au monde en vain tout son cœur épanché ;
Mais prêt à défaillir et sans force penché,
Il appela le *seul* – éveillé dans Solyme :

« Judas ! lui cria-t-il, tu sais ce qu'on m'estime,
Hâte-toi de me vendre, et finis ce marché :
Je suis souffrant, ami ! sur la terre couché...
Viens ! ô toi qui, du moins, as la force du crime ! »

105

Mais Judas s'en allait, mécontent et pensif,
Se trouvant mal payé, plein d'un remords si vif
Qu'il lisait ses noirceurs sur tous les murs écrites...

Enfin Pilate seul, qui veillait pour César,
Sentant quelque pitié, se tourna par hasard :
« Allez chercher ce fou ! » dit-il aux satellites.

V

C'était bien lui, ce fou, cet insensé sublime...
Cet Icare oublié qui remontait les cieux,
Ce Phaéton perdu sous la foudre des dieux,
Ce bel Atys meurtri que Cybèle ranime !

L'augure interrogeait le flanc de la victime,
La terre s'enivrait de ce sang précieux...
L'univers étourdi penchait sur ses essieux,
Et l'Olympe un instant chancela vers l'abîme.

« Réponds ! criait César à Jupiter Ammon,
Quel est ce nouveau dieu qu'on impose à la terre ?
Et si ce n'est un dieu, c'est au moins un démon... »

Mais l'oracle invoqué pour jamais dut se taire ;
Un seul pouvait au monde expliquer ce mystère :
– Celui qui donna l'âme aux enfants du limon.

Pétrus BOREL
(1809-1859)

FANTAISIE

Ça trouillotte !
INCONNU

Surtout vive l'amour et bran pour les sergens.
RÉGNIER

Oiseaux ! oiseaux ! que j'envie
Votre sort et votre vie !

Votre gentil gouvernail,
Votre infidèle pennage,
Découpé sur le nuage,
Votre bruyant éventail.

Oiseaux ! oiseaux ! que j'envie
Votre sort et votre vie !

Vos jeux, aux portes du ciel ;
Votre voix sans broderie,
Écho d'une autre patrie,
Où notre bouche est sans fiel.

Oiseaux ! oiseaux ! que j'envie
Votre sort et votre vie !

Sans besoin et sans arroi ;
Sans ambition qui ronge ;
Sans bastille où l'on vous plonge ;
Sans archevêque et sans roi !

Oiseaux ! oiseaux ! que j'envie
Votre sort et votre vie !

Sans nobles, sans conquérans ;
Sans juges à cœur aride ;
Sans famille qui vous bride ;
Et sans héritiers rians !

Oiseaux ! oiseaux ! que j'envie
Votre sort et votre vie !

Sans honteuse volupté ;
Sans conjugaux esclavages ;
Francs ! volontaires ! sauvages !
Vive votre liberté !!!

Oiseaux ! oiseaux ! que j'envie
Votre sort et votre vie !

*Au cachot, à Écouy,
près les Andelys, 1831*

(Rhapsodies)

Alfred de MUSSET
(1810-1857)

AU LECTEUR
DES DEUX VOLUMES DE VERS
DE L'AUTEUR

Ce livre est toute ma jeunesse ;
Je l'ai fait sans presque y songer.
Il y paraît, je le confesse,
Et j'aurais pu le corriger.

Mais quand l'homme change sans cesse,
Au passé pourquoi rien changer ?
Va-t'en pauvre oiseau passager ;
Que Dieu te mène à ton adresse !

Qui que tu sois, qui me liras,
Lis-en le plus que tu pourras,
Et ne me condamne qu'en somme.

Mes premiers vers sont d'un enfant,
Les seconds d'un adolescent,
Les derniers à peine d'un homme.

1840

(Premières Poésies)

L'ANDALOUSE

Avez-vous vu, dans Barcelone,
Une Andalouse au sein bruni ?
Pâle comme un beau soir d'automne !
C'est ma maîtresse, ma lionne !
La marquesa d'Amaëgui !

J'ai fait bien des chansons pour elle,
Je me suis battu bien souvent.
Bien souvent j'ai fait sentinelle,
Pour voir le coin de sa prunelle,
Quand son rideau tremblait au vent.

Elle est à moi, moi seul au monde.
Ses grands sourcils noirs sont à moi,
Son corps souple et sa jambe ronde,
Sa chevelure qui l'inonde,
Plus longue qu'un manteau de roi !

C'est à moi son beau col qui penche
Quand elle dort dans son boudoir,
Et sa basquina sur sa hanche,
Son bras dans sa mitaine blanche,
Son pied dans son brodequin noir !

Vrai Dieu ! Lorsque son œil pétille
Sous la frange de ses réseaux,
Rien que pour toucher sa mantille,
De par tous les saints de Castille,
On se ferait rompre les os.

Qu'elle est superbe en son désordre,
Quand elle tombe, les seins nus,
Qu'on la voit, béante, se tordre
Dans un baiser de rage, et mordre
En criant des mots inconnus !

Et qu'elle est folle dans sa joie,
Lorsqu'elle chante le matin,
Lorsqu'en tirant son bas de soie,
Elle fait, sur son flanc qui ploie,
Craquer son corset de satin !

Allons, mon page, en embuscades !
Allons ! la belle nuit d'été !
Je veux ce soir des sérénades
À faire damner les alcades
De Tolose au Guadalété.

(Premières Poésies)

NAMOUNA

CONTE ORIENTAL
(Extrait)

CHANT PREMIER

> Une femme est comme votre ombre : courez après,
> elle vous fuit ; fuyez-la, elle court après vous.

I

Le sofa sur lequel Hassan était couché
Était dans son espèce une admirable chose.
Il était de peau d'ours, – mais d'un ours bien léché ;
Moelleux comme une chatte, et frais comme une rose.
Hassan avait d'ailleurs une très noble pose,
Il était nu comme Ève à son premier péché.

II

Quoi ! tout nu ! dira-t-on, n'avait-il pas de honte ?
Nu, dès le second mot ! – Que sera-ce à la fin ?
Monsieur, excusez-moi, – je commence ce conte
Juste quand mon héros vient de sortir du bain.
Je demande pour lui l'indulgence, et j'y compte.
Hassan était donc nu, – mais nu comme la main, –

III

Nu comme un plat d'argent, – nu comme un mur d'église,
Nu comme le discours d'un académicien.
Ma lectrice rougit, et je la scandalise.
Mais comment se fait-il, madame, que l'on dise
Que vous avez la jambe et la poitrine bien ?
Comment le dirait-on, si l'on n'en savait rien !

IV

Madame alléguera qu'elle monte en berline ;
Qu'elle a passé les ponts quand il faisait du vent ;
Que, lorsqu'on voit le pied, la jambe se devine ;
Et tout le monde sait qu'elle a le pied charmant.
Mais moi qui ne suis pas du monde, j'imagine
Qu'elle aura trop aimé quelque indiscret amant.

V

Et quel crime est-ce donc de se mettre à son aise,
Quand on est tendrement aimée, – et qu'il fait chaud ?
On est si bien tout nu, dans une large chaise !
Croyez-m'en, belle dame, et, ne vous en déplaise,
Si vous m'apparteniez, vous y seriez bientôt.
Vous en crieriez sans doute un peu, – mais pas bien haut.

VI

Dans un objet aimé qu'est-ce donc que l'on aime ?
Est-ce du taffetas ou du papier gommé ?
Est-ce un bracelet d'or, un peigne parfumé ?
Non, – ce qu'on aime en vous, madame, c'est vous-même.
La parure est une arme, et le bonheur suprême,
Après qu'on a vaincu, c'est d'avoir désarmé.

VII

Tout est nu sur la terre, hormis l'hypocrisie ;
Tout est nu dans les cieux, tout est nu dans la vie,
Les tombeaux, les enfants et les divinités,
Tous les cœurs vraiment beaux laissent voir leurs beautés.
Ainsi donc le héros de cette comédie
Restera nu, madame, – et vous y consentez.

CHANT DEUXIÈME

> Qu'est-ce que l'amour ? L'échange de deux fantai-
> sies et le contact de deux épidermes.
>
> CHAMFORT

I

Eh bien ! en vérité, les sots auront beau dire,
Quand on n'a pas d'argent, c'est amusant d'écrire.
Si c'est un passe-temps pour se désennuyer,
Il vaut bien la bouillotte ; et, si c'est un métier,
Peut-être qu'après tout ce n'en est pas un pire
Que fille entretenue, avocat ou portier.

II

J'aime surtout les vers, cette langue immortelle.
C'est peut-être un blasphème, et je le dis tout bas ;
Mais je l'aime à la rage. Elle a cela pour elle
Que les sots d'aucun temps n'en ont pu faire cas,
Qu'elle nous vient de Dieu, – qu'elle est limpide et belle,
Que le monde l'entend, et ne la parle pas.

III

Eh bien ! sachez-le donc, vous qui voulez sans cesse
Mettre votre scalpel dans un couteau de bois ;
Vous qui cherchez l'auteur à de certains endroits,
Comme un amant heureux cherche, dans son ivresse,
Sur un billet d'amour les pleurs de sa maîtresse,
Et rêve, en le lisant, au doux son de sa voix ;

IV

Sachez-le, – c'est le cœur qui parle et qui soupire
Lorsque la main écrit, – c'est le cœur qui se fond ;
C'est le cœur qui s'étend, se découvre et respire
Comme un gai pèlerin sur le sommet d'un mont.
Et puissiez-vous trouver, quand vous en voudrez rire,
À dépecer nos vers le plaisir qu'ils nous font !

V

Qu'importe leur valeur ? La muse est toujours belle,
Même pour l'insensé, même pour l'impuissant ;
Car sa beauté pour nous, c'est notre amour pour elle.
Mordez et croassez, corbeaux, battez de l'aile ;
Le poète est au ciel, et lorsqu'en vous poussant
Il vous y fait monter, c'est qu'il en redescend.

VI

Allez, – exercez-vous, – débrouillez la quenouille,
Essoufflez-vous à faire un bœuf d'une grenouille.
Avant de lire un livre, et de dire : « J'y crois ! »
Analysez la plaie, et fourrez-y les doigts ;
Il faudra de tout temps que l'incrédule y fouille,
Pour savoir si son Christ est monté sur la croix.

VII

Eh ! depuis quand un livre est-il donc autre chose
Que le rêve d'un jour qu'on raconte un instant ;
Un oiseau qui gazouille et s'envole ; – une rose
Qu'on respire et qu'on jette, et qui meurt en tombant ; –
Un ami qu'on aborde, avec lequel on cause,
Moitié lui répondant, et moitié l'écoutant ?

.../...

(Premières Poésies)

LA NUIT D'AOÛT

(Extrait)

.../...

LE POÈTE

Puisque l'oiseau des bois voltige et chante encore
Sur la branche où ses œufs sont brisés dans le nid ;
Puisque la fleur des champs entr'ouverte à l'aurore,
Voyant sur la pelouse une autre fleur éclore,
S'incline sans murmure et tombe avec la nuit ;

Puisqu'au fond des forêts, sous les toits de verdure,
On entend le bois mort craquer dans le sentier,
Et puisqu'en traversant l'immortelle nature,
L'homme n'a su trouver de science qui dure,
Que de marcher toujours et toujours oublier ;

Puisque, jusqu'aux rochers, tout se change en poussière ;
Puisque tout meurt ce soir pour revivre demain ;
Puisque c'est un engrais que le meurtre et la guerre ;
Puisque sur une tombe on voit sortir de terre
Le brin d'herbe sacré qui nous donne le pain ;

Ô Muse ! que m'importe ou la mort ou la vie ?
J'aime, et je veux pâlir ; j'aime et je veux souffrir ;
J'aime, et pour un baiser je donne mon génie ;
J'aime, et je veux sentir sur ma joue amaigrie
Ruisseler une source impossible à tarir.

J'aime, et je veux chanter la joie et la paresse,
Ma folle expérience et mes soucis d'un jour,
Et je veux raconter et répéter sans cesse

116

Qu'après avoir juré de vivre sans maîtresse,
J'ai fait serment de vivre et de mourir d'amour.

Dépouille devant tous l'orgueil qui te dévore,
Cœur gonflé d'amertume et qui t'es cru fermé.
Aime, et tu renaîtras ; fais-toi fleur pour éclore.
Après avoir souffert, il faut souffrir encore ;
Il faut aimer sans cesse, après avoir aimé.

(Poésies nouvelles)

TRISTESSE

J'ai perdu ma force et ma vie,
Et mes amis et ma gaieté ;
J'ai perdu jusqu'à la fierté
Qui faisait croire à mon génie.

Quand j'ai connu la Vérité,
J'ai cru que c'était une amie ;
Quand je l'ai comprise et sentie,
J'en étais déjà dégoûté.

Et pourtant elle est éternelle,
Et ceux qui se sont passés d'elle
Ici-bas ont tout ignoré.

Dieu parle, il faut qu'on lui réponde.
Le seul bien qui me reste au monde
Est d'avoir quelquefois pleuré.

1840

(Poésies nouvelles)

Théophile GAUTIER
(1811-1872)

UNE ÂME

Son âme avait brisé son corps.
Victor HUGO

Diex por amer l'avoit faicte.
Le Chastelain de COUCY

C'était une âme neuve, une âme de créole,
Toute de feu, cachant à ce monde frivole
Ce qui fait le poète, un inquiet désir
De gloire aventureuse et de profond loisir,
Et capable d'aimer comme aimerait un ange,
Ne trouvant en chemin que des âmes de fange ;
Peu comprise, blessée au vif à tout moment,
Mais n'osant pas s'en plaindre, et sans épanchement,
Sans consolation, traversant cette vie ;
Aux entraves du corps à regret asservie,
Esquif infortuné que d'un baiser vermeil
Dans sa course jamais n'a doré le soleil,
Triste jouet du vent et des ondes ; au reste,
Résignée à l'oubli, nécessité funeste
D'une existence vague et manquée ; ici-bas
Ne connaissant qu'amers et douloureux combats
Dans un corps abattu sous le chagrin, et frêle
Comme un épi courbé par la pluie ou la grêle ;
Encore si la foi... l'espérance... mais non,
Elle ne croyait pas, et Dieu n'était qu'un nom
Pour cette âme ulcérée... Enfin au cimetière,
Un soir d'automne sombre et grisâtre, une bière
Fut apportée : un être à la terre manqua,
Et cette absence, à peine un cœur la remarqua.

(Poésies)

Pierre DUPONT
(1821-1870)

LE CHANT DES OUVRIERS

Nous dont la lampe, le matin,
Au clairon du coq se rallume,
Nous tous qu'un salaire incertain
Ramène avant l'aube à l'enclume,
Nous qui des bras, des pieds, des mains,
De tout le corps luttons sans cesse,
Sans abriter nos lendemains
Contre le froid et la vieillesse.

Refrain.

Aimons-nous, et quand nous pouvons
Nous unir pour boire à la ronde,
Que le canon se taise ou gronde,
        Buvons *(ter)*
À l'indépendance du monde !

Nos bras, sans relâche tendus,
Aux flots jaloux, au sol avare,
Ravissent leurs trésors perdus,
Ce qui nourrit et ce qui pare :
Perles, diamants et métaux,
Fruits du coteau, grains de la plaine ;
Pauvres moutons, quels bons manteaux
Il se tisse avec notre laine !
                    (Refrain.)

Quel fruit tirons-nous des labeurs
Qui courbent nos maigres échines ?
Où vont les flots de nos sueurs ?

Nous ne sommes que des machines.
Nos Babels montent jusqu'au ciel ;
La terre nous doit ses merveilles :
Dès qu'elles ont fini le miel,
Le maître chasse les abeilles.

(Refrain.)

Au fils chétif d'un étranger,
Nos femmes tendent leurs mamelles,
Et lui, plus tard, croit déroger
En daignant s'asseoir auprès d'elles ;
De nos jours, le droit du seigneur
Pèse sur nous plus despotique :
Nos filles vendent leur honneur
Aux derniers courtauds de boutique.

(Refrain.)

Mal vêtus, logés dans des trous
Sous les combles, dans les décombres,
Nous vivons avec les hiboux
Et les larrons, amis des ombres ;
Cependant notre sang vermeil
Coule impétueux dans nos veines ;
Nous nous plairions au grand soleil,
Et sous les rameaux verts des chênes.

(Refrain.)

À chaque fois que par torrents
Notre sang coule sur le monde,
C'est toujours pour quelque tyran
Que cette rosée est féconde ;
Ménageons-le dorénavant,
L'amour est plus fort que la guerre ;
En attendant qu'un meilleur vent
Souffle du ciel ou de la terre.

(Refrain.)

1846

(Chants et Chansons)

LE DAHLIA BLEU

Où donc s'envolent vos semaines,
Pourquoi, soucieux jardiniers,
Ce surcroît de soins et de peines ?
Vos jardins sont des ateliers
Où vous tissez des fleurs humaines.
Ô fleurs divines d'autrefois !
Lis et roses, fuyez aux bois ;
Bluets, pervenches, violettes
Myosotis, vivez seulettes,
    Sous l'œil de Dieu,
Ils rêvent le dahlia bleu,

Qu'il faudrait une main savante
Pour semer à son gré l'azur
Qui des cieux colore la tente,
Se réfléchit dans un flot pur,
Et dans mille fleurs nous enchante !
Toute fleur qui nous laisse voir
Le bleu du ciel dans son miroir,
Bluet, pervenche, violette,
Myosotis, éclôt seulette
    Sous l'œil de Dieu :
Ils rêvent le dahlia bleu.

Autour des walses, des quadrilles,
Des rondes et des jeux du soir,
Où se pressent les jeunes filles,
Rôde un spectre vêtu de noir
Qui censure les plus gentilles.
Vous n'êtes rien, frêles beautés,
Au prix des rêves enchantés
Qui tourbillonnent dans sa tête.
Nulle part il ne voit complète
    L'œuvre de Dieu,
Il rêve le dahlia bleu.

Voyez les rondes les dimanches,
Sous les vieux noyers des hameaux !
Ces enfants ou brunes ou blanches
Sont les myosotis des eaux
Ou les bluets ou les pervenches.
Voyez dans le bal animé
Ces enfants qui n'ont pas aimé,
Pâles comme les violettes,
Peut-être au sein de ces fleurettes,
    Filles de Dieu,
Se cache le dahlia bleu !

(Chants et Chansons)

SOMMAIRE

Librio

262

Achevé d'imprimer en Italie par Grafica Veneta
en août 2012 pour le compte de E.J.L.
87, quai Panhard-et-Levassor, 75013 Paris
1er dépôt légal dans la collection : décembre 1998
EAN 9782290339107

Diffusion France et étranger : Flammarion